# La Revelación del *Padre Nuestro*

# Luis Rivas

# La Revelación del Padre Nuestro

ALEXANDRIA LIBRARY
PUBLISHING HOUSE
MIAMI

La revelación del Padre Nuestro

@ Luis Rivas, 2019.

ISBN: 978-1075743221

Edición y composición de interiores y cubierta:

Vilma Cebrián

www.alexlib.com

# DEDICATORIA

*A mi Señor y Salvador Jesús,* quien dio su vida por nosotros y nos dejó esta palabra de revelación para caminar en ella.

*A mi amada esposa Marlene Rivas,* que completa mi vida y ministerio.

*A mi amada madre Ana de Rivas,* quien me dio la vida y ahora también le sirve a Dios.

*A los hijos espirituales* que siguen fieles y creciendo en Cristo.

# CONTENIDO

# INTRODUCCIÓN

esde hace mucho tiempo he conocido la oración del *Padre Nuestro*, creo que me la enseñó mi madre cuando era un niño, pero después que tuve un encuentro personal con Cristo como Salvador y comencé a tener tiempo de oración en intimidad con Dios, comencé a recibir una gran revelación de lo que realmente significa todo lo que Jesús nos quiere enseñar con esta oración modelo.

Jesús nos enseñó diciendo que entráramos a nuestro lugar secreto con nuestro Padre Celestial para tener una relación personal con Dios, más que solo un monólogo diciéndole a Dios la lista de lo que queremos. Allí, en el lugar secreto, comencé a tener hambre por entender lo que Jesús nos enseña acerca de cómo orar y cómo entender lo que encierra nuestra oración modelo. *De este tiempo con Dios surge este libro donde hablo de la revelación de Jesús en el Padre Nuestro.*

Creo que la oración más conocida en todo el mundo es justamente el *Padre Nuestro*; inclusive muchos hasta la han cantado. Esta oración fue la respuesta de Jesús a sus discípulos, que le pidieron al Maestro instrucciones de cómo Él oraba:

*"Aconteció que estaba Jesús orando en un lugar, y cuando terminó, uno de sus discípulos le dijo: Señor, enséñanos a orar, como también Juan enseñó a sus discípulos."* Lucas 11:1

Al tremendo vieron los discípulos en Jesús y su vida de oración que le hicieron esta petición. Pero lo que muchos no saben es la profundidad de las palabras que salieron de la boca de Jesús y la revelación tan grande que tenemos de parte de Dios.

> *Mi oración es que este libro despierte en ti la pasión y el anhelo de tomar el tiempo para estudiar y entender la grandeza de la instrucción y la revelación que Jesús nos dejó en su Palabra.*

La oración modelo que Él nos dejó es un cúmulo de revelaciones para todas las situaciones que podemos encontrar en la vida. Tiene un alcance más grande que simplemente repetir unas palabras, pero esto no lo podemos recibir sin la guía ni la revelación del Espíritu Santo de Dios, a fin de que podamos poner en práctica lo que Jesús nos quiso enseñar y entregar con ella.

En este libro vamos a estudiar esta oración, paso a paso, para recibir su revelación, y es mi deseo que cuando termines de leerlo puedas recibir todo lo que Jesús nos quiso transmitir en estas preciosas palabras cargadas del poder de Dios.

Doy gracias a Dios por la bendición y el privilegio de ser un instrumento en sus manos y desde ya enviamos una palabra de bendición para cada vida que reciba bendición a través de este libro en el nombre de Jesús.

*Pastor Luis Rivas*

# PRÓLOGO

*L*a *Revelación del Padre Nuestro* es justamente esto, una revelación de lo que Jesús nos ha dejado a toda la humanidad como una guía para entrar en la presencia del Padre, en la gloria de Dios, y tener una relación personal con Él.

Personalmente creo firmemente en lo que Jesús nos enseñó, y es que orar no es sólo repetir lo mismo una y otra vez, o decirle a Dios las cosas que necesitamos, más bien la oración es relacionarnos con nuestro Padre Celestial con el Dios Todopoderoso que nos creó, nos salvó y nos adoptó como hijos, por lo cual podemos estar confiados cuando nos acercamos a Él, para establecer una relación personal.

> *En estas páginas, sé que por el poder del Espíritu de Dios, encontrarás una dirección más clara de cómo relacionarte con nuestro Padre Celestial.*

Prepárate no sólo para leer un libro, sino también para experimentar *¡la Presencia y el Poder de Dios!*, porque el plan de Jesús no ha sido solamente enseñarnos a repetir oraciones, sino a poner en obra lo que aprendemos. Así que el poder sobrenatural de Dios tiene que ser una realidad en tu vida.

# CAPÍTULO 1

## LA REVELACIÓN DE JESÚS EN EL PADRE NUESTRO

### "Padre Nuestro"

*J*esús está en el medio del Sermón del Monte, y allí sus discípulos le hacen una petición: Enséñanos a orar...

*"Aconteció que estaba Jesús orando en un lugar, y cuando terminó, uno de sus discípulos le dijo: Señor, enséñanos a orar, como también Juan enseñó a sus discípulos".* Lucas 11:1.

Lo que realmente estaban pidiendo los discípulos de Jesús era que les enseñara a orar de una forma efectiva y no como se había enseñado hasta ese momento, no solamente con repeticiones de escritos que eran muy generales, sino como lo habían visto y oído de Jesús mismo. Es allí donde Jesús comienza a enseñarnos no sólo una oración, sino una relación personal con Dios como nuestro Padre.

> *Esta oración es la enseñanza más profunda e importante acerca de la relación personal con Él que podemos encontrar en Su palabra, y es justamente Jesús mismo, el Hijo de Dios, quien nos enseña cómo orar efectivamente al Padre Celestial.*

La mayoría de las personas hoy en día realmente oran muy poco o prácticamente nada. Una de las razones por la que no oran, es porque no ven efectividad. Por otra parte, la mayoría de ellas realmente no sabe cómo orar, pensamos que la oración es presentarse a Dios con una lista de peticiones, y esperar para saber si la va a recibir, y si no la quiere recibir, esto realmente no es Su plan para nosotros en la oración.

> *Entender este principio de paternidad es lo que abre las puertas para poder desarrollar el resto de la oración y recibir respuestas.*

Orar significa relacionarnos con Dios como Padre. Una de las cosas que Jesús nos quiere enseñar en esta oración modelo, es dejarnos saber que lo más importante es tener una relación personal con Él como Padre.

Orar efectivamente tiene que ver más con la relación en la identidad que tenemos con Dios, que con lo que tenemos en mente para pedirle, o venir a presentar nuestra necesidad. Así que vamos a mirar lo que Jesús nos enseña y cómo aprender a relacionarlos con Dios para entender lo que es orar a nuestro Padre Celestial en el lugar secreto.

Luego de la petición de los discípulos de cómo orar, Jesús nos explica que cuando oremos necesitamos entrar en un lugar secreto, en un aposento, es decir en una habitación donde tenemos un encuentro personal con Dios; Jesús mismo dice que: nuestro Padre, que ve en lo secreto, te va a recompensar en público:

*"Mas tú, cuando ores, entra en tu aposento, y cerrada la puerta, ora a tu Padre que está en secreto; y tu Padre que ve en lo secreto te recompensará en público"*. Mateo 6:6

Lo que significa esto es que cuando entendamos que orar es una relación, Dios nos va a oír, va a hacer milagros, y también nos va a decir lo que debemos hacer, la dirección que debemos tomar y nos va a hacer entender, por su Espíritu Santo, cómo es la manera en la que debemos vivir como hijos. Así que vamos a continuar entendiendo lo que Jesús nos dejó en la oración del "Padre Nuestro".

*"Vosotros, pues, oraréis así: Padre nuestro que estás en los cielos, santificado sea Tu nombre".* Mateo 6:9

> *Lo primero que necesitamos entender es nuestra identidad: a quién oramos y quiénes somos nosotros. Comprendiendo esto, tendremos la certeza de que Dios es nuestro Padre y esto nos da efectividad en la oración.*

En estos días, en que hay tanta incredulidad, muchas personas no entienden, o no quieren entender, el principio de la paternidad, pero justamente Jesús vino a la tierra para modelarnos lo que significa ser hijos de Dios.

Jesús comenzó diciendo *"Padre"*. No era lógico para un judío de aquel entonces decirle a Dios *"Padre nuestro"*, no era usual, al contrario, muchos pensarían que era una falta de respeto o aún una blasfemia de parte del que lo pronunciaba, porque nadie tenía esa clase de relación con Dios.

También dijo Jesús *"nuestro"*, quiere decir que los que entendemos la paternidad, estábamos siendo incluidos por el mismo Jesús. En el evangelio de Juan, dice lo siguiente:

*"A todos los que le recibieron, a los que creen en Su nombre nos dio el derecho de ser llamados hijos De Dios".* Juan 1:12

En la persona de Jesús todos los que hemos creído y recibido la salvación en Cristo tenemos el derecho de acercarnos a Dios como Padre. La mayoría de las personas miran a Dios como alguien muy lejano porque no tienen identidad de hijos, y por lo tanto les cuesta relacionarse con Dios en ese contexto.

Por otro lado, las personas no entienden tampoco la paternidad natural o la espiritual y esto trae mucho conflicto cuando se acercan a Dios como Padre, porque no han aprendido en lo terrenal lo que significa la paternidad, y por supuesto va a ser más difícil entenderlo en lo espiritual.

El enemigo lucha en contra de la paternidad porque quiere arrebatarte la revelación de ser hijos y que no recibas tu herencia. Cuando eres un hijo obediente te pareces a Jesús, y como hijo eres heredero junto con Cristo de las bondades y riquezas del Padre Celestial.

Por eso necesitamos entender los principios bíblicos de lo que es *paternidad* y todo lo que

Jesús nos quiso dar a entender cuando dijo esta frase "Padre nuestro".

En hebreo la palabra Padre es: "*Ab*" que significa: *La cabeza de la casa, el originador, el fundador, el que sustenta. También significa el que brinda protección y al que debemos honra y honor.*

En griego el vocablo "*pater*" tiene muchos significados: *Fuente, protector, nutridor, proveedor, progenitor, iniciador, fundador, autor, creador, maestro, líder, cultivador, generador, transmisor, adiestrador, sustentador, patriarca, organizador, defensor, uno que lleva la carga, estabilizador, uno que endosa, animador, gobernador, mentor y modelo.*

Todo esto implica que cuando tenemos revelación de Dios como nuestro Padre, sabemos que Él es quien creó todas las cosas, el que nos cuida, el que nos brinda protección y el que siempre está al tanto y pendiente de todo lo que nosotros necesitamos para poder subsistir, porque justamente Él es quien nos creó pero también quien nos adoptó como hijos, y como tal tenemos acceso a todo lo que tiene el Padre para nosotros. Esta es la importancia de tener revelación de Dios como Padre.

Cuando oran, la mayoría de las personas se imaginan erróneamente a Dios como alguien sentado en una silla, con un látigo en la mano, esperando a ver en qué te equivocas para darte un latigazo y esperando que en algún momento pueda resolver alguna situación de tu vida, si es que se acuerda de ti. Pero cuando podemos relacionarnos con Él cómo *nuestro Padre* la relación cambia totalmente, y cuando entendemos que nosotros tenemos revelación de la identidad como hijos, entonces podemos acercarnos confiadamente al trono de la Gracia del Padre Celestial.

> *Jesús nos enseña en estas palabras cómo acercarnos a Dios, no con identidad de mendigos, no como extraños, ¡sino como hijos! Tampoco podemos acercarnos por nuestra necesidad, porque Dios ya la conoce, sino más bien con fe y por fe.*

Algo interesante que me sucedía cuando yo no conocía a Dios como mi Padre, era que yo pensaba que orar era repetir el *Padre Nuestro* una y otra vez, hasta que completara un número de repeticiones; quince o veinte quizás, esperando que Él se complaciera de oírme repetir la misma oración tantas veces. No tenía revelación de Dios como Padre, sino veía a Dios como alguien muy lejano que quizá algún día se acordaría de mí, pero cuando empecé a relacionarme con Él como hijo, en la intimidad, rindiendo mis pensamientos, mi voluntad y entendiendo que Él me había adoptado, todo cambió y en ese momento comencé a experimentar el cuidado del Dios Padre.

Entendí que, más que hacer repeticiones, Dios quería oír cómo me sentía, ver la fe que tenía en Él y oír que vivía en obediencia, para entonces responder con Su cuidado, protección y provisión sobrenatural.

El Apóstol Pablo también escribió acerca de la paternidad cuando nos enseña diciendo que el mismo Jesús nos ha dado de Su Espíritu de Hijo a nosotros, a los que le hemos conocido como Salvador y Señor.

*"Y por cuanto sois hijos, Dios envió a vuestros corazones el Espíritu de su Hijo, el cual clama: ¡Abba, Padre! 7 Así que ya no eres esclavo, sino hijo; y si hijo, también heredero de Dios por medio de Cristo".* Gálatas 4:6-7

Cuando estudiamos la paternidad de Dios a través de este texto bíblico, encontramos que el mismo Jesús nos bautiza con su Espíritu Santo y nos sella con el Espíritu del Hijo. Esto es la revelación justamente de ser un hijo y no un esclavo y, ¿cuál es la diferencia? pues que el esclavo no tiene derecho a nada, no tiene derecho a recibir las bondades del Padre porque no es hijo, sólo el hijo es heredero y tiene acceso a todo lo que tiene el Padre y porque Cristo fue a la Cruz, murió y se entregó a sí mismo. Entonces nosotros tenemos acceso a Dios como Padre y podemos clamar como dice la escritura, diciendo "*Abba Padre*", lo cual denota una relación aún más íntima y cercana con Él. Sería el equivalente a decir justamente "*papito*" o "*daddy*", como se dice en inglés. ¡Esa es la clase de relación que Dios quiere tener con nosotros!, y por la cual Cristo nos bautiza con el Espíritu del Hijo para que podamos tener acceso a esa relación de paternidad.

Por eso, cada vez que nos acercamos a Dios en este contexto, podemos decir "*Padre nuestro*"; ahora bien, es muy importante que como hijo vivas en obediencia, como lo vivió Jesús y si en algún momento fallas al Padre cometiendo pecado, necesitas llegar a Sus pies con arrepentimiento para recibir perdón y nuevamente aceptación, aunque Dios siempre ha sido fiel esperándote.

Otro aspecto muy importante de la paternidad es el hecho de que, como hijos, tenemos acceso a la herencia del Padre y así nos lo muestra este texto que encontramos en la Palabra de Dios:

*"Y si hijos, también herederos; herederos de Dios y coherederos con Cristo, si es que padecemos juntamente con Él, para que juntamente con Él seamos glorificados".* Romanos 8:17

Hay un misterio bien interesante en todo esto, y es el siguiente: el propósito de Dios es que el hombre tuviera todo lo que necesitaba en el Edén, pero al pecar y desobedecerle, perdió los derechos y el enemigo se apropió de lo que no le pertenecía, la herencia de los hijos. Cuando el Hijo viene a la tierra a través de una mujer, María, la semilla que vino del cielo es la de Dios mismo; Jesús como Hijo cumplió con todo lo que se había establecido desde el principio naturalmente, para que con su victoria tuviéramos acceso a lo sobrenatural y Él fue obediente hasta la muerte, recuperando lo que nos pertenecía y despojando al enemigo.

En términos legales, para poder recibir una herencia es necesaria la muerte del que te deja la herencia. Por esto Cristo muere en la cruz, y entendemos que cuando Jesús estaba en la cruz y el velo del templo se rompió, este velo que separaba el lugar Santo del lugar Santísimo, donde solo una vez al año el sumo sacerdote tenía acceso a la Gloria de Dios, nos dio acceso directo al Padre con los derechos de ser hijos y por lo tanto es nuestra herencia el entrar a la presencia de Dios como tal, entendiendo nuestra identidad de hijos, la que Cristo mismo obtuvo en la cruz.

Para muchos es difícil entender la paternidad, porque proceden de un trasfondo donde no existe revelación de este modelo por el pasado que han tenido, quizás sus padres terrenales no fueron lo que deberían ser y se confunde este concepto, pensando en los padres terrenales que les fallaron. Pero nuestro Padre Celestial está atento a todas nuestras necesidades. ¡Dios es realmente el Padre perfecto y nunca nos va a fallar!

> *Comience desde ya a reconocer a Dios como Padre y a entender el maravilloso privilegio de tener revelación de la paternidad de Dios.*

Por esto Cristo nos enseñó que cuando comenzamos a hablar con Dios, lo hacemos desde la posición y la identidad de hijos diciendo *"Padre nuestro"*.

### "Que estás en los cielos"

Después de entender el principio de la paternidad, tenemos que entender que nuestro Padre Celestial no está limitado a las circunstancias de esta tierra ni a lo natural, sino que Él habita en lo sobrenatural, es decir, en los cielos, por eso Jesús dijo también *"que estás en los cielos"*.

Esto nos tiene que llevar a entender que estamos desde lo natural donde hay tiempo y espacio comunicándonos con Dios, en el ámbito de lo sobrenatural en la eternidad donde Él habita. Como hijos nos acercamos dándole honra al Padre Celestial, que está en los cielos. En griego la palabra *"cielos"* se traduce *"auranos"* que literalmente significa *lugar elevado*.

En otras palabras, podemos decir "el lugar sideral" donde está establecido el trono de Dios, que es eterno y donde los demás seres creados por Él, como son los ángeles, también habitan.

En los cielos o en la eternidad no hay medidas de tiempo, porque no existe el sol o los planetas, la única luz que existe es la misma *Gloria de Dios*, que al reflejarse en los seres creados o en la inmensidad del infinito puede producir colores como los descritos en la Biblia. El cielo es el lugar donde no hay rebelión, porque el único que se reveló fue expulsado con todos los que estaban con él por causa de la iniquidad.

En el cielo no hay incredulidad, no hay imposibles, no hay barreras, porque por la palabra de Dios con una simple orden todo es posible, no hay llanto ni dolor, porque no hay sufrimiento; es en el cielo donde no hay necesidad porque nuestro Padre Celestial lo suple todo.

Cuando decimos entonces "que estás en los cielos", reconocemos por revelación que las limitaciones que podamos tener en la tierra no tienen cabida en el cielo, y nuestras palabras comienzan a viajar desde el mundo natural al mundo sobrenatural, traspasando las imposibilidades humanas y entrando donde todo es posible para nuestro Padre.

Por lo tanto, nunca limites tu oración solamente a las circunstancias en las que vives a tu alrededor, porque Dios no tiene límites, nuestro Padre es el Creador de todas las cosas, y desde Su trono y desde la eternidad Él domina, gobierna, controla, sustenta y dirige todo.

Quizá alguno se pregunte: ¿cómo es posible que, si Dios domina y dirige todas las cosas, yo pueda acercarme a Él y orar para hacer peticiones sobre algo aquí en la tierra? La respuesta es que nuestro Padre Celestial nos puso a cargo de dominar, dirigir y administrar esta tierra que Él mismo creó, por tanto, nosotros desde la tierra hablamos a Dios que está en el cielo, para que haga Su obra a través de nosotros y se cumpla Su voluntad.

> *Así que una verdadera oración es aquella que sale de la tierra, traspasa el mundo donde habitamos y llega al cielo, es decir que sale de lo natural para llegar a lo sobrenatural.*

## "Santificado sea Tu nombre"

Jesús continúa guiándonos, y con esta expresión que sigue, estamos declarando quién es Dios, y su condición, Él es el que está apartado de todo pecado y de toda iniquidad. Por lo cual, en el cielo, los ángeles declaran constantemente que Él es *Santo, Santo, Santo*. Esta declaración está directamente conectada con *adorarle, alabarle y honrarle*.

### Adorar,

...es rendirnos total y absolutamente sin reservas delante de Dios, con todo nuestro ser y todo nuestro corazón. En el antiguo testamento, la palabra adoración significa "postrarse", y es bien interesante lo que encontramos en el nuevo testamento y es que significa literalmente "besar".

### Alabar,

...en un sentido práctico y sencillo, significa expresar externamente los atributos de alguien. Significa expresar abiertamente admiración y lanzarlo a los aires.

### Honrar,

...es reconocer el valor de alguien por lo que es, por lo tanto, le damos respeto y servicio a Él.

Cuando entramos a un servicio, por ejemplo, necesitamos tener tiempo de alabanza y adoración; lo cual no son dos términos separados en esencia, sino más bien significa que la alabanza es una expresión de adoración a Dios.

Quizás alguno se pregunte: ¿por qué tenemos que decir alabanzas a Dios? Acaso, ¿Dios no sabe quién es? La realidad es que Él no necesita de nuestra alabanza y adoración, los que necesitamos alabar y adorar somos nosotros, para poder alinear nuestra mente con nuestro espíritu para que nos conectemos con el Espíritu Santo. La verdadera adoración es justamente como dije: rendición y honra a Dios. Es decir, que cuando adoramos estamos honrándolo por quien Él es y nuestro cuerpo se alinea a Su presencia. El patrón bíblico es que cuando lo hacemos, tenemos el privilegio de que Dios cohabite con nosotros en el mismo lugar, en la misma atmosfera de fe con la manifestación sobrenatural de Su Gloria.

En uno de nuestros servicios del domingo, en la iglesia *Nueva Esperanza*, la presencia de Dios fue tan intensa después de adorarle, que literalmente sentimos el peso de Su Gloria sobre nosotros, lo cual hizo que prácticamente todos estuviéramos en el piso por un lapso prolongado de tiempo y nadie quería levantarse, porque justamente fuimos creados para habitar en el ambiente de Su Gloria. Al final pasaron horas, pero en la Gloria el tiempo no tiene relevancia.

En síntesis, este primer capítulo es acerca del acceso a nuestro Padre celestial por medio de la oración modelo que nuestro Señor Jesús nos enseñó, quien así mismo nos dio el acceso al Padre y nos está enseñando que podemos llegar a Él en oración.

Un dato muy interesante es el siguiente: Jesús dijo: *"Yo soy el camino, y la verdad, y la vida; nadie viene al Padre, sino es por mí"* (Juan 14:6); y qué interesante que en el templo o el tabernáculo hay tres puertas: una se llama camino, otra verdad y otra vida. La vida estaba representada por el velo que separaba al lugar Santo del lugar Santísimo, y cuando Jesús muere en la cruz ese velo se rompió y nos dio acceso directo al Padre, por eso nos podemos acercar a Él y entrar a Su "Trono de Gracia"; así que entramos a la presencia de Dios con identidad de hijos, entendiendo que Él no tiene limitaciones naturales porque es eterno y lo hacemos con adoración y honra a nuestro Padre.

Un testimonio de esto es el siguiente: En nuestro ministerio hemos encontrado muchas personas que, por haber sido maltratadas por sus padres, no entendían cómo acercarse a Dios como su Padre Celestial, pero luego de tener un encuentro real con Dios conociendo a Jesús como Señor y Salvador, fueron liberados, perdonaron a su padre biológico y esto los llevó a conocer la verdadera paternidad de Dios. Una persona en particular tenía dificultad en entender la paternidad porque había sido abusada por su propio padre cuando era una jovencita, pero luego de un encuentro con Jesús y recibir liberación por las acusaciones que recibía del enemigo, pudo luego tener un encuentro real y verdadero con el Padre Celestial.

## TESTIMONIOS

### Revelación de la Paternidad de Dios

Mi nombre es Donato Aparicio López, mejor conocido en mi casa espiritual como "Donato". Doy gracias a Dios por el día que llegué a mi casa, la *Iglesia Nueva Esperanza*. Crecí en un hogar con un padre sumergido en el alcohol y que nos maltrataba, así que mi corazón tenía falta de perdón y me sentía muy herido, no sabía lo que era el amor de un padre. En el año 2009 llegué a la iglesia y recuerdo que entré al servicio de oración por primera vez. Ese día llegué sin saber quién era yo, sin identidad y como enojado con la gente.

Comenzó a pasar el tiempo y oré a Dios porque yo quería experimentar lo que significa la paternidad. Jesús vino a mi vida y le conocí como mi Señor y Salvador, pero lo más importante es que conocí a Dios como el Padre Celestial y comencé a relacionarme con Dios como hijo. Luego pude entender que Dios me había dado también padres espirituales aquí en la tierra, a través de mis pastores. Mi Padre Celestial me dio identidad, me manifestó su amor y cuidado a través del cuidado de estos padres espirituales. Hoy entiendo la importancia tan grande de tener revelación de la paternidad, soy un ministro de la iglesia y lo que he aprendido de mis padres espirituales lo estoy poniendo en práctica. Estoy feliz de ser parte de la gran familia de *Nueva Esperanza*. Hoy te puedo decir que, si en este día te sientes sin identidad, recuerda que Jesús se reveló a nosotros como el Hijo, para que pudiéramos entender la paternidad. No dudes más de entregarle tu corazón a aquel que todo lo puede hacer nuevo. Dios les bendiga.

---

Mi nombre es Maritza Cruz García, soy originalmente de Honduras, quiero compartirte mi testimonio y le oro a Dios que sea de bendición a tu vida. A la edad de 11 años tenía una familia aparentemente unida y económicamente estábamos muy bien, pero mis padres se separaron, tenían 6 hijos y me tocó quedarme con mi mamá y mis hermanos, sin embargo uno de ellos fue entregado temporalmente a unos padrinos. Quedamos en la calle ya que mi papá vendió todo lo que teníamos, nuestra casa, terrenos, una hacienda con ganado, y quedamos económicamente devastados, así que mi mamá me entregó, a la edad de 11 años, a una señora para trabajar y el sueldo se lo entregaban a mi mamá. Yo me sentía feliz porque de alguna forma la podía ayudar; aunque mi corazón se sentía muy decaído por todo lo que me estaba pasando a mí y a mis hermanos. A los meses mi papá mandó a buscar a mi hermana mayor diciendo que le iba a dar estudios, pero ella no quiso irse, así que yo les pedí que me enviaran a mí y así fui a vivir con mi papá y un tío, pero jamás me dieron estudios, sino que me pusieron a trabajar en su casa. La separación de mis padres me devastó, me sentí muy triste y mi corazón se llenó de amargura y de mucho dolor hacia ellos. Años después, en medio de tantas situaciones tuve el privilegio de tener un hijo maravilloso que me dio las fuerzas para seguir adelante. Me mudé a los Estados Unidos y fue donde conocí a mi esposo Víctor, nos casamos y todo ese dolor que traía en mi corazón lo estaba afectando a él y a la hermosa familia que Dios me había dado. Yo no me había dado cuenta hasta que un día fuimos invitados a la *Iglesia Nueva Esperanza* y fue allí que el Señor Jesús tocó mi corazón, lo circuncidó y lo hizo nuevo, entonces pude sentir el amor de un Padre, se me fue revelada la paternidad de mi *Abba Padre*. Él limpió todo mi dolor, mi pasado, me hizo una nueva criatura, como dice su palabra, y restauró mi matrimonio. Conocí a mis padres espirituales que los honro y les agradezco su paciencia y su amor, mis amados pastores Luis y Marlene Rivas. Hoy en día soy mentora junto con mi esposo de una red maravillosa y le sirvo a Dios con todo mi amor y agradecimiento. Toda la Gloria y la honra sean para Él.

## Tiempo de ser Activados

Ahora es tiempo de ser activado en lo que comenzó a recibir. Tome tiempo para orar y reconocer que Dios es Su Padre, si existen malos recuerdos que tienen que ver con la paternidad, este es el momento de soltar y renunciar a cualquier pensamiento, herida o recuerdo que lo pueda alejar de Dios. Entienda que Dios es un Padre bueno y ríndase ante Dios en adoración, utilice música de alabanza y adoración que hable de la grandeza de Dios y comience a entrar en el trono del Padre Celestial.

Permítame orar con usted, repitiendo estas palabras, si le es posible en voz alta:

*Padre nuestro, que estás en los cielos, gracias por Jesucristo, quién me ha dado acceso por Su sacrificio en la cruz. Yo confieso que soy pecador y hoy recibo el regalo de la salvación y de la vida eterna. Me arrepiento de mis faltas y declaro con mi boca que soy hijo de Dios Padre. Perdono cualquier herida que me hayan hecho mis padres naturales y te doy gracias, en el nombre de Jesús, amén.*

# CAPÍTULO 2

# EL REINO
# Y LA VOLUNTAD DE DIOS

## "Venga tu Reino"

*"Venga tu reino. Hágase tu voluntad, como en
el cielo, así también en la tierra".* Mateo 6:10

Según los datos de la ONU, para el año 2015
se estimó que la población mundial supe-
raría los siete mil trescientos millones de habitantes en toda la tierra. Esto significa que cada
ser humano tiene una voluntad o la capacidad
de decidir quién gobierne su vida, entonces tenemos más de siete mil millones de voluntades en
la tierra, pero en el cielo solo hay una voluntad
y es la de Dios. Cuando Jesús entra a esta parte
de la oración, está enseñándonos a establecer el
gobierno de Dios, por lo tanto nosotros determi-
namos quién tiene el gobierno de nuestras vidas

y cuáles son las implicaciones de sujetarse a la autoridad de Dios, o decidir ser independientes.

> *Cuando oramos diciendo: que "venga tu reino", necesitamos entender el significado del Reino de Dios, para poder decirle que venga sobre nosotros.*

"Reino es Gobierno, Reino de Dios es el Gobierno de Dios". Mucha gente no entiende lo que significa un reinado porque no crecieron en uno. La mayoría de las personas crecieron en algún otro sistema de gobierno en el mundo que impide entender lo que realmente significa un reino.

Reino es el vocablo griego *"Basileia"* literalmente significa: *Poder real, reinado, dominio, el derecho y el poder de gobernar el reino, el poder real de Jesús como el Mesías triunfante, el poder y la dignidad conferida a los cristianos en el Reino del Mesías, un reino como un territorio sujeto a las órdenes del Rey, en el nuevo testamento se refiere al reinado del Mesías.*

El Reino de Dios es lo que Cristo vino a establecer y espera que nosotros entendamos lo que significa para poder establecerlo en cada uno de nosotros y continuar la obra que Él comenzó.

Es interesante saber que Jesús, durante su ministerio, estuvo tratando de explicar con parábolas, comparaciones y metáforas lo que significa el Reino de Dios y la mayoría de la gente inclusive hoy en día no lo puede entender claramente.

En los cuatro evangelios es mencionada la palabra "reino" más de doscientas veces. Pero como dije antes, muy pocos entienden realmente qué significa el Reino de Dios.

La mayoría de las personas no entienden lo que es "reino" porque creen que Dios es democrático, es decir, un lugar donde todos tienen derechos, deberes y posibilidad de opinar. Reino no es democracia, la palabra democracia se forma de dos palabras griegas: "*demos*" que significa "pueblo" y "*Kratos*" que significa Gobierno. Es decir, Gobierno del pueblo. Como hijos de Dios, si estamos diciendo "*venga tu reino*", no podemos pretender controlar nada, sino que Dios lo controle todo. Por lo tanto, la iglesia no es una democracia, la iglesia es el cuerpo de Cristo que Dios está usando o quiere usar para establecer Su Reino, pero tenemos que empezar nosotros mismos a aceptar el reinado de Dios.

El Gobierno en el Reino viene de Dios, quien es el Rey y Él tiene total y absoluta autoridad sobre todo lo creado incluyéndonos a nosotros.

Éste es el Gobierno al que se refería Jesús, el Gobierno total del Rey de Reyes sobre nuestras vidas.

En la democracia la gente quita y pone gobernantes, los critica y no están obligados a obedecerle, más bien le contradicen y toman decisiones sin tomar en cuenta al presidente. En el Reino, el Rey existe y Él establece el gobierno, nadie lo debe criticar y todos deben obedecer, el Rey protege a todos los que están bajo Su Reino y hay un orden en todo lo que se refiere a tomar decisiones.

## ¿Por qué Jesús nos enseña a orar que venga Su reino?

Para poder entender lo profundo del significado de la sujeción, necesitamos revelación y es necesario que rindamos nuestros derechos delante de Dios, a fin de que Él reine sobre nosotros y haga Su voluntad y no la nuestra. Dios nos creó con autoridad para gobernar y tener dominio en esta tierra. En la biblia Dios dice:

*"y dijo: Hagamos al ser humano a nuestra imagen y semejanza. Que tenga dominio..."*
Génesis 1:26 (NVI).

¡Cuando decimos "venga tu reino" reconocemos que somos administradores de lo que le pertenece a Dios!

Esto quiere decir que Dios es el Rey y nosotros estamos a cargo de administrar y colonizar los lugares físicos y espirituales donde habitamos; colonizar significa que donde llegamos y declaramos que "venga tu reino" estamos alcanzando ese lugar para que Dios reine a través de nosotros que somos Su cuerpo los que ejecutamos Sus designios aquí en la tierra. Pero el primer territorio que necesita ser conquistado somos nosotros mismos.

Jesús comenzó a enseñar el Reino de Dios desde que comenzó Su ministerio:

*"Desde entonces comenzó Jesús a predicar, y a decir: Arrepentíos, porque el reino de los cielos se ha acercado".* Mateo 4:17

> *¡Cuando te sujetas al Reino de Dios el enemigo tiene que huir por tu obediencia!*

*"Someteos, pues, a Dios; resistid al diablo, y huirá de vosotros".* Santiago 4:7

El reinado de Dios en nuestras vidas implica que el Rey tiene la responsabilidad de cuidar Su reino y por consiguiente nos cuida. Interesantemente el enemigo entiende lo que es el reinado de Dios y por tanto, cuando nos sujetamos a Dios como Rey en obediencia, no le queda más que huir porque no puede pasar por encima de la autoridad del Rey que ha sido establecida en nosotros por el hecho de rendir nuestra voluntad a Dios.

## ¿Cuáles áreas de tu vida están gobernadas por Dios y cuáles no le has entregado a Él?

Esta es una pregunta que sólo tú mismo puedes contestar en medio de tu oración cuando digas estas palabras *"venga tu reino"*; necesitamos presentar a Dios cualquier área donde Él no está reinando, donde nosotros seguimos teniendo el control. La forma en que Dios establece Su Reino en nosotros es rindiendo nuestros derechos a Él como lo hacen los ancianos que están delante del trono en el cielo, como lo describe la Biblia:

*"los veinticuatro ancianos se postran delante del que está sentado en el trono, y adoran al que vive por los siglos de los siglos, y echan sus coronas delante del trono, diciendo:*

Luis Rivas

*11 Señor, digno eres de recibir la gloria y la honra y el poder; porque tú creaste todas las cosas, y por tu voluntad existen y fueron creadas".* Apocalipsis 4:10-11

La verdadera autoridad de Dios viene a tu vida cuando realmente Él reina sobre ti en todos los ámbitos de tu existencia, espíritu, alma y cuerpo.

Jesús nos enseñó a orar así porque es la única forma de tener acceso a Su poder, aunque te sientas débil o te sientas fuerte. Cuando eres tú quien gobierna y quieres hacer tu voluntad, estas ejerciendo el poder humano, limitado, que tú tienes en la tierra. Cuando le dices a Dios que venga Su Reino, estás desatando el poder de Dios sobre tu vida y sobre todo tu entorno, incluyendo familia, trabajo, ministerio, etc.

Si Dios no es el Rey de tu vida, alguien o algo más lo es. No aceptar el reinado de Dios nos coloca en la situación de ser rebeldes y la rebelión no es de Él, esto es lo que conllevó a que fuese echado el enemigo del cielo, porque no aceptó el reinado de Dios. Por esto mismo es que Jesús nos enseña que si queremos ser verdaderamente discípulos, necesitamos negarnos a nosotros mismos lo cual es morir al yo, morir a nuestros intereses personales para que Dios cumpla Sus propósitos en nuestra vida.

> *Si tu prioridad es el Reino, por ley, te corresponde que Dios se encargue de sostenerte y proveer todo lo que necesitas.*

*"Más buscad primeramente el reino de Dios y su justicia, y todas estas cosas os serán añadidas"*. Mateo 6:33

En el momento que estableces el Reino de Dios como prioridad en tu vida, estas entrando en el orden celestial y te conviertes tú mismo en el Reino como Príncipe. Esto significa que cualquier representante del Rey, es decir Dios, en cualquier parte del mundo, debe representar al Rey con lo que está en cielo. Por eso cuando dice que las cosas serán añadidas, realmente son añadidas, no por necesidad, sino porque por la justicia de Dios se hace realidad. Por lo tanto, también se va el afán y la ansiedad de buscar suplir necesidades porque sabes que el Rey suplirá todo lo que te falte conforme a sus riquezas en Gloria, como dice el Apóstol Pablo.

*"Cuando estás rendido a Dios, se va el afán de tu vida porque el Rey es tu proveedor"*.

Un ejemplo de esto lo vemos en testimonios de personas que decidieron optar un día por declarar a Dios como el Rey de sus negocios. A partir de ese momento comenzaron a llegar contratos y provisión sobrenatural de todo lo que necesitaban para que su negocio avanzara. Nos contaba uno de nuestros hijos de la iglesia que desde que decidió entregarse al servicio de Dios como Rey de su vida, le llamaban personas que nunca se imaginó y su negocio comenzó a crecer al punto que hubo sobreabundancia, es decir, más de lo que podía manejar y esto produjo expansión del mismo y en su ministerio.

## "Hágase tu voluntad, como en el cielo, así también en la tierra"

Cuando le decimos a Dios que se haga Su voluntad, nos sujetamos a Su autoridad, a sus decisiones, al plan que ha establecido en la eternidad para que andemos en él.

Jesús mismo se sujetó a la voluntad de Su Padre antes de ir a la cruz.

*"Otra vez fue, y oró por segunda vez, diciendo: Padre mío, si no puede pasar de mí esta copa sin que yo la beba, hágase tu voluntad".*
Mateo 26:42

En el cielo solo hay una voluntad y es la de Dios, quien reina. Cuando la iniquidad quiso entrar en el cielo a través del ángel luzbel, Dios lo expulsó y con él se fueron del cielo un tercio de los ángeles, los cuales se conocen como los ángeles caídos.

Por esto cuando Jesús dice que se haga Su voluntad como en el cielo es porque realmente en el cielo así es. Los ángeles son gobernados para actuar en nuestro favor y Dios espera que nosotros nos sujetemos voluntariamente a Él para que Su poder pueda correr a través de nosotros. No hay nada mejor que estar sujetos a la voluntad de Dios.

> *El propósito de Dios es que el mismo poder que se ejerce en el cielo, lo ejerza en la tierra y sobre nuestras vidas. Pero como Dios nos ha dado la capacidad de decidir, nos corresponde a nosotros sujetarnos o no.*

Como dije al principio: en la tierra, para el año 2018 habría más de 7,000 millones de habitantes lo que significa que hay esa misma cantidad de voluntades y Dios espera que nosotros sujetemos nuestra voluntad a la de Él, a fin de que podamos reconocerle como Rey y Señor. Lo anterior viene conectado con esta misma afirmación, así que lo más sabio que podemos hacer es rendir nuestra voluntad a Dios. El resultado de rendirla es que entonces podemos tener acceso a todo el poder y la autoridad que Dios tiene, porque ya no actuamos por nuestra propia cuenta, si no que Dios actúa a través de nosotros. Por esto mismo es que Jesús pudo hacer la obra de redención cuando dijo justamente que se haga la voluntad del Padre.

### ¿Cómo es la voluntad de Dios?

*"No os conforméis a este siglo, sino transformaos por medio de la renovación de vuestro entendimiento, para que comprobéis cuál sea la buena voluntad de Dios, agradable y perfecta".* Romanos 12:2

El Apóstol Pablo, escribiendo a los Romanos, nos dice tres características de la voluntad de Dios:

Buena
Agradable
Perfecta

He encontrado personas que a menudo tienen incertidumbre de cuál es la voluntad de Dios y algunos hasta piensan que es hacernos el mal o mantenernos enfermos o pobres. Pero necesitamos una vez más recordar que Dios nos ama como hijos, la mayoría de las veces este pensamiento viene porque hay estructuras mentales del pasado y miedos en la vida de las personas, quizás se sienten acusados por el enemigo. Lo que sí debemos entender es que cada acción que tomamos en la vida tiene consecuencias y muchas veces la gente no entiende que si algo malo viene a su vida no es que la voluntad de Dios sea hacerles el mal, sino que están obteniendo los resultados de su forma de vivir. Un ejemplo de esto lo encontramos en el libro del profeta Jeremías, donde el pueblo de Dios recibió las consecuencias por haberse apartado de Su protección, pero Él mismo dejó claro que los planes que tenía para Sus hijos no eran de mal sino de bien.

*"Porque yo sé los pensamientos que tengo acerca de vosotros, dice Jehová, pensamientos de paz, y no de mal, para daros el fin que esperáis".* Jeremías 29:11

Entonces necesitamos orar de esta forma: *"hágase Su voluntad"*, rindiendo a Dios cualquier área de nuestra vida que podamos tener escondida en rebeldía o en pecado, diciéndole que reine sobre toda nuestra vida y declarando que Su voluntad es perfecta, y cuando lo haces y se te revela esta verdad, vas a orar con

Luis Rivas

entendimiento, claridad y vas a estar afirmando en la tierra lo que realmente es Su voluntad en el cielo y recordando que es *"buena, agradable y perfecta"* (Vea Romanos 12:2).

Cuando una persona ora diciendo: Señor si es tu voluntad que me vaya mal o que me pase esta calamidad o que sea un fracasado, lo que está diciendo es que no conoce al Padre Celestial porque cuando lo conoces, entiendes cuál es Su voluntad y lo que Él ya estableció y dijo en el cielo, así se hace realidad en la tierra. Si eres de las personas que se lamentan porque crees que tu destino es que todo te salga mal, necesitas recibir revelación realmente de lo que significa la voluntad de Dios y declararla en tu vida para que realmente camines en la voluntad de Dios.

## TESTIMONIOS

### Caminar en la Voluntad de Dios

Mi nombre es Sally Carbajal, llegué a mi casa *Iglesia Nueva Esperanza* hace 8 años con depresión, falta de identidad, sin empleo, ni carro y sin tener documentos legales en este país, siendo madre soltera de 3 hijos. A principios del 2017 tuve una situación difícil con mi hijo menor, me sacaron de mi casa y eso distrajo mi enfoque del propósito de Dios en mi vida y Su voluntad, así que sin más ni más, decidí irme de Carolina del Norte a Nueva York y estuve por 3 meses nuevamente en depresión y ninguno de los problemas que tenía se resolvían, sino al contrario se empeoró la situación y aunque económicamente Dios siempre fue y ha sido fiel, y aunque pude obtener mi estatus legal ya en ese tiempo y teniendo crédito, las puertas se me cerraron totalmente para conseguir una vivienda. Entonces le dije al Señor, no voy a ser más necia, esto no es lo que Tú quieres para mí, así que regresé a Carolina del Norte y sobrenaturalmente en 2 semanas de haber vuelto, conseguí un apartamento y un empleo y sin ninguna duda regresé a mi casa *Iglesia Nueva Esperanza*, donde fui recibida con mucho amor y alegría. Allí comenzó mi proceso, tuve que empezar de nuevo y fue de gran bendición.

Dios ha hecho provisión de una manera increíble porque decidí ser obediente y hacer Su voluntad y no la mía. Doy gracias a Dios por mi casa *Iglesia Nueva Esperanza* y por mis padres espirituales. El Pastor Luis Rivas un hombre con testimonios, quien sigue buscando a profundidad la Presencia del Dios vivo para hacer líderes y no seguidores. Mi madre espiritual, una guerrera con integridad y una pasión por adorar a Dios. Gracias Señor porque Tu Voluntad es Perfecta.

## La voluntad de Dios es que
## seamos sanos

Mi nombre es Liskiana Bravo, soy originalmente de Ciego de Ávila, Cuba. Llegué a la Iglesia Nueva Esperanza gracias a Dios, a las oraciones de mi hija, a mi suegra y a Patricia Pacheco quien es una mujer de Dios y guerrera del Ejército del Señor de la *Iglesia Nueva Esperanza* donde actualmente me congrego. Llegué a raíz de un *"Baby Shower"* que nuestra Pastora hace para ayudar a mujeres en situaciones como en la que yo me encontraba. Gracias a ese evento visité la Iglesia, donde llegue con pensamientos de abortar al bebé que llevaba en mi vientre y allí, cuando apenas comenzó a hablar la Pastora Marlene Rivas, sentí el amor especial que ella transmitía en sus palabras y al decir que ella no había tenido hijos y anhelaba que así hubiese sido, algo muy especial ocurrió en mi corazón y sé que fue el Espíritu Santo quien me mostró que yo era bendecida al poder estar con un bebé en mi vientre y allí sentí y tomé la decisión de que continuaría con mi embarazo porque Dios me habló ese día y entendí que Él sería mi proveedor, así que no tenía nada de que temer y en ese instante se me reveló Su  voluntad en mi vida y le doy la ¡Gloria a Dios!. Mi embarazo comenzó a avanzar y me dijeron que sería un varón, y luego, en uno de los chequeos me dieron la noticia de que los resultados mostraban que el bebé venía con "*Síndrome de Down*" y que debía hacerme la amniocentesis, pero yo rehusé pues tenía fe de que mi bebe estaba sano porque esa es la Voluntad de Dios, así que solo accedí a hacerme un examen de sangre que era otra opción ya que mi esposo me insistió para que me los hiciera. Así lo hice y los resultados me los darían en 10 días. Llamé a mis líderes de la iglesia para levantar oración, interceder y a declarar que esos resultados serían negativos. Cuando fue el tiempo para ir a buscar los resultados, entró el médico y noté que su rostro era lleno de paz, y para la Gloria y la honra de Dios, nos comunica que los resultados eran negativos y que el bebé no tenía Síndrome de Down. ¡Mi bebé nació sano y hermoso! ¡Mi Dios es todo poderoso y su Voluntad siempre es buena, agradable y perfecta! Amén.

## Tiempo de ser Activados

Este es tu tiempo ahora, comience a orar rindiendo a Dios cualquier área de su vida que no esté sujeta a Dios, por ejemplo, si usted es una persona que se enoja fácilmente y dice: ¡así soy yo y no voy a cambiar!, lo que está diciendo es que usted no quiere rendirse, es decir, esa área de su vida la sigue usted controlando en vez de estar sometida a la voluntad de Dios. ¡Entregue su voluntad al Padre Celestial!

Una vez más permítame orar con usted y si le es posible repita en voz audible:

*Padre nuestro que estás en los cielos, Santificado sea tu nombre, te doy gracias por la salvación que he recibido en Cristo y ahora mismo declaro, como nos enseñó Jesús: que venga tu Reino a mi vida y que se haga Tu voluntad, en todos los ámbitos de mi existencia. Me rindo ante ti y entiendo que Tu voluntad es buena, agradable y perfecta, por eso enséñame a caminar siempre en Tu voluntad, en el nombre de Jesús oramos, amén.*

# CAPÍTULO 3

# NUESTRO PAN
# DE CADA DÍA

## "El pan nuestro de cada día"

*"El pan nuestro de cada día, dánoslo hoy".*
Mateo 6:11
*"Danos hoy nuestro pan cotidiano".*
Mateo 6:11 (NVI)

Felicidades si ha llegado a este punto y al entendimiento y la revelación de lo que se ha hablado hasta ahora. Quiere decir que hemos entrado al *Trono de Dios* y estamos rendidos ante Su presencia y Su voluntad.

Cuando llegamos a este punto de la oración, en esta frase *"el pan nuestro de cada día dánoslo hoy"* es cuando más necesitamos revelación de nuestra identidad, el poder y la autoridad que nos ha sido delegada por Dios. Jesús nos dice que debemos orar así, y pareciera, para algunos, que estuviésemos ordenándole a Dios que nos diera algo que nos pertenece. Realmente no es que se lo estamos ordenando, porque nos hemos sujetado a Él como Rey, pero sí estamos recibiendo lo que por justicia divina nos corresponde por haber cumplido con todo lo anterior. Es decir, al revelársenos que somos hijos, tenemos acceso al Padre, si entendemos que nos tenemos que rendir a Dios y que Su voluntad es buena y perfecta para nosotros, comprenderemos que Su anhelo es darnos y cubrir nuestras necesidades. Si entendemos que Él es el Rey y nosotros somos Su pueblo, entonces por la justicia de Dios nos corresponde la promesa que Él mismo nos dijo que nos daría en Su palabra, por esto Jesús afirma diciendo: ustedes pues oren así: *"el pan nuestro"*. Lo que esto implica es que, si el pan es *"nuestro"*, es porque nos pertenece por derecho, por el derecho de ser hijos, y si dice: *"hoy"* significa que Dios tiene cuidado de nosotros todos los días.

> *¡Es por esto por lo que la fe debe materializarse en el ahora de Dios y no dentro de mucho tiempo!*

Luis Rivas

## "El Pan Nuestro"

¿A qué se estaba refiriendo Jesús con la expresión *"el pan nuestro"*?

Vamos a ver a la luz de las escrituras, cuatro panes que menciona la Biblia.

### El pan físico del alimento diario

Pan es la palabra griega *"artos"* que significa pan de harina de trigo o de cebada. Pero también significa la comida o el alimento diario.

Cuando Jesús dice que el pan es nuestro, significa que no estamos pidiendo algo que no tenemos, sino más bien algo que es nuestro y nos corresponde por vivir como hijos en obediencia.

Cuando tú has reconocido a Dios como tu Padre, entiendes que Él es el proveedor de tu alimento porque lo recibes por derecho de ser hijo, sólo porque vivas en obediencia y bajo su protección. Por eso dice antes, en otra parte de la oración, *"que venga tu reino..."*

La Biblia nos enseña, a lo largo de toda la escritura, que Dios siempre ha tenido cuidado de sus hijos:

*"Joven fui, y he envejecido, y no he visto justo desamparado, ni su descendencia que mendigue pan"*. Salmos 37:25

Un justo es el que vive conforme a la Voluntad del Padre y vive sujeto al Reino de Dios, incluyendo los mandamientos de ser fieles a Dios, en todos los aspectos de su vida cotidiana. Pero parece contradictorio que la Biblia dice también que no hay justo ni aun uno:

*"Como está escrito: No hay justo, ni aun uno".*
Romanos 3:10

Precisamente por esto, es por lo que Jesús se convirtió en nuestra justicia para que Dios nos mire como hijos justos a través del único que es justo. Por eso no hay forma de acercarse al Padre si no es por la obra de Jesús en la cruz, donde Él llevó todos nuestros pecados, el único justo se hizo pecado y maldición para que nosotros podamos ser justificados delante del Padre.

*"Justificados pues por la fe, tenemos paz para con Dios por medio de nuestro Señor Jesucristo".* Romanos 5:1

Por otra parte, la justicia de Dios es también que podamos reconocer que Él es nuestro proveedor, por esto es tan importante entender que de lo que recibimos, una parte está destinada a reconocer que todo proviene de Dios y estos son los diezmos, las ofrendas y primicias.

Luis Rivas

*"Traed todos los diezmos al alfolí y haya alimento en mi casa; y probadme ahora en esto, dice Jehová de los ejércitos, si no os abriré las ventanas de los cielos, y derramaré sobre vosotros bendición hasta que sobreabunde".*
Malaquías 3:10

Quizás en este punto te preguntes: ¿y entonces el que no tiene a Dios no come o no debería comer? Fíjate cómo funciona el Reino: cuando sales de la justicia de Dios vives por la misericordia de Dios, pero no por la justicia de Dios. Si eres un justo por derecho te corresponde que tu Padre te provea del pan cotidiano, pero cuando no vives como hijo recibes las migajas de la misericordia de Dios. Pero Él nos creó para vivir como hijos, no como mendigos.

Un ejemplo muy sencillo es este: si tienes hijos o eres un hijo y te da hambre en tu casa o tus hijos tienen hambre, simplemente abren el refrigerador y comen lo que está allí, porque saben que les corresponde por derecho como hijos tener acceso a lo que su padre trajo como provisión.

Esto es exactamente lo que Jesús quiere que entendamos que como hijos tenemos acceso a la provisión física del sustento diario por la gracia de Dios.

## "De cada día o cotidiano"

Esto significa que Dios nos da lo necesario, lo que necesitamos para subsistir, pero siempre debemos creer por fe que Su provisión no se acaba.

En el desierto Dios daba *maná* a su pueblo por cuarenta años, pero siempre daba una porción diaria para que vivieran por fe, no podían guardar para el día siguiente porque se dañaba, solo el día sexto podían guardar para el día siguiente y se conservaba, pero solo lo podían comer hasta el día designado como séptimo. Por otro lado, el único pedazo de *maná* que no se dañó nunca fue el que se había colocado en el *Arca del Pacto*, como señal de la provisión de Dios.

*"Y Jehová dijo a Moisés: He aquí yo os haré llover pan del cielo; y el pueblo saldrá, y recogerá diariamente la porción de un día, para que yo lo pruebe si anda en mi ley, o no. 5 Mas en el sexto día prepararán para guardar el doble de lo que suelen recoger cada día".*
Éxodo 16:4-5

*Recuerda siempre que sólo Dios es tu proveedor y que Su provisión viene por añadidura, es decir como resultado de estar en la voluntad de Dios.*

Luis Rivas

Los que no reciben pan son los que voluntariamente deciden alejarse de la protección del Padre Celestial, por eso cuando el hijo pródigo se fue de la casa de su padre decía que anhelaba comer la comida de casa:

*"Y deseaba llenar su vientre de las algarrobas que comían los cerdos, pero nadie le daba".* Lucas 15:16

Pero los que entendemos la revelación del Padre como nuestro proveedor, recibimos el pan cotidiano.

## El pan de Vida, Jesús

*"Yo soy el pan vivo que descendió del cielo; si alguno comiere de este pan, vivirá para siempre; y el pan que yo daré es mi carne, la cual yo daré por la vida del mundo".* Juan 6:51

Jesús mismo es el pan de vida que todos necesitamos para poder llegar al Padre.

*"Trabajad, no por la comida que perece, sino por la comida que a vida eterna permanece, la cual el Hijo del Hombre os dará; porque a éste señaló Dios el Padre".* Juan 6:27

*"Jesús les dijo: Yo soy el pan de vida; el que a mí viene, nunca tendrá hambre; y el que en mí cree, no tendrá sed jamás".* Juan 6:35

El pan principal que necesitamos recibir es el pan de Cristo. El día de la última cena, Jesús dijo: esto es mi cuerpo que por ustedes es partido, y luego lo comieron como un símbolo de que Jesús es el pan de vida.

*"Y tomó el pan y dio gracias, y lo partió y les dio, diciendo: Esto es mi cuerpo, que por vosotros es dado; haced esto en memoria de mí".* Lucas 22:19

Jesús mismo establece que este pan de pascua es el mismo, quien no tuvo defecto alguno, por esto justamente el pan de la fiesta de pascua no tenía levadura, que en este caso representa el pecado y este pan limpio ahora es una realidad tangible en muestras vidas.

Cuando tenemos revelación de Jesús como el "pan de vida" entendemos que había sido anunciado desde mucho antes que Jesús vino a la tierra y cuando se estableció la fiesta de la pascua se debía consumir pan sin levadura, esto por mandato de Dios y para representar que un día vendría al mundo el único que nunca cometió pecado cuyo nombre es Jesús. Justamente antes de que Jesús fuera a la cruz celebró la cena de pascua con sus discípulos y después de haber comido los alimentos hizo un paréntesis para traer revelación de lo que significaba realmente la pascua, el cordero de Dios iba a ser entregado y cuando tomó el pan dijo: esto es mi cuerpo. Todavía hoy mucha gente no tiene entendimiento que Jesús es el único que llevó sobre Su cuerpo, todos nuestros pecados y por esto podemos recibir perdón de pecados.

Un dato interesante en la historia es que el pan en sí es un alimento muy completo, la combinación de carbohidratos produce sustento y energía. Por esto representa a Cristo, porque estamos completos en Él y nos da fortaleza para seguir adelante.

Otro dato interesante es que Jesús nació en Belén y esta palabra literalmente significa "la casa del pan" y el pan, que es Cristo, lo necesitamos para nuestra salvación, redención y para tomar nuestra cruz cada día crucificando el "yo" para negarnos a nosotros mismos y recibir todo lo que Cristo obtuvo en la cruz. Él venció y por eso nosotros somos más que vencedores, Él tiene todo dominio y autoridad, por tanto nosotros somos herederos y podemos ejercer dominio y autoridad. Pero todo esto es posible si tienes discernimiento de tomar el *pan de vida* que es Cristo.

## El pan de la liberación

Éste es el pan que le pertenece a los hijos de Dios por derecho y que muy poco se habla de él, por la falta de entendimiento y revelación. Debemos tener claro que hay un enemigo real en el mundo espiritual, que quiere mantener atado a los hijos de Dios para que vivan vidas miserables y sin propósito. No estamos hablando de ser "poseídos" por el enemigo, porque esto no es posible si realmente el Espíritu de Dios habita en nosotros, pero sí debemos tener claro que cuando rendimos una parte de nuestra vida al pecado, le damos acceso directo al enemigo para que tome autoridad, y la única forma de ser libres de esta opresión es con el pan de la liberación. Vamos a verlo a la luz de este texto bíblico:

*"La mujer era griega, y sirofenicia de nación; y le rogaba que echase fuera de su hija al demonio. Pero Jesús le dijo: Deja primero que se sacien los hijos, porque no está bien tomar el pan de los hijos y echarlo a los perrillos".*
Marcos 7:26-27

La mujer del texto bíblico que se menciona allí, fue a buscar a Jesús para que su hija recibiera liberación de un demonio, y la respuesta de Él fue que la liberación era el pan de los hijos, este es el pan que, por derecho, también le pertenece a los hijos de Dios, por tanto cada uno de nosotros, que ha conocido a Cristo como Señor y Salvador tiene derecho a ser libre de toda opresión del enemigo, de toda influencia, de cualquier espíritu inmundo que quiera derrotar nuestra vida, por lo tanto podemos declarar liberación en el nombre de Jesús y, esto justamente es lo que Jesús vino a hacer cuando dijo en el evangelio de Lucas lo siguiente:

*"El Espíritu del Señor está sobre mí, por cuanto me ha ungido para dar buenas nuevas a los pobres; me ha enviado a sanar a los quebrantados de corazón; a pregonar libertad a los cautivos, y vista a los ciegos; a poner en libertad a los oprimidos".* Lucas 4:18

Éste pan de la liberación es el que mucha gente todavía no ha entendido, que solo se recibe por derecho cuando eres capaz de decirle al enemigo que se vaya, pero es importante entender que justamente, para establecer el Reino de Dios, necesitamos echar fuera al que quiere ocupar un trono que no le pertenece, por eso ahora mismo, tú puedes en el nombre de Jesús, decirle a cualquier demonio ¡que se vaya de tu vida ahora en el nombre de Jesús!

Para que un demonio se vaya, no se le puede pedir "por favor", sino que se le ordena en el nombre de Jesús, porque ya ese pan que es la liberación nos corresponde por el derecho legal de ser hijos de Dios.

> *Así que tome la autoridad, una vez más, en el nombre de Jesús y eche fuera de su vida toda mentira del enemigo, todo demonio en el nombre de Jesús y tome para usted ese pan que es la liberación, cada vez que ore.*

Quizás alguno diga, "yo ya soy cristiano y el enemigo no me puede poseer". Ciertamente, si eres un hijo de Dios, por supuesto que el enemigo no te puede poseer como tal, porque tu dueño es Dios. Pero el enemigo puede influenciar cualquier área de tu vida, como dijimos anteriormente, si tú le has dado el derecho legal. Por ejemplo, cuando tú dices una mentira siendo un hijo de Dios, le estas dando derecho al espíritu de mentira que dirija esa área de tu vida y una mentira te llevará a otra, así llegas a convertirte en un mentiroso, porque estás siendo influenciado por ese espíritu, por lo tanto, tienes que apropiarte del pan de la liberación para echarlo fuera en el nombre de Jesús y no seguir mintiendo.

Un testimonio es el siguiente: Un Joven llegó a nuestra iglesia, su nombre es Marcos, y él cuenta que por muchos años estuvo en el alcohol, probó muchas maneras para dejarlo incluyendo reuniones de rehabilitación con otros alcohólicos, pero solo cuando conoció a Cristo pudo ser libre del espíritu de alcoholismo. Después que aprendió cada vez más que ese demonio venía a tratar de influenciarlo nuevamente, él tomaba la autoridad de Cristo y hacía suyo el pan de la liberación con lo cual lo echaba fuera en el nombre de Jesús. Hoy él vive una vida totalmente libre de la influencia del espíritu de alcoholismo junto con su esposa. Tú puedes hacer lo mismo, aprópiate del pan de la liberación.

### El pan de la palabra

*"Jesús, respondiéndole, dijo: Escrito está: No sólo de pan vivirá el hombre, sino de toda palabra de Dios".* Lucas 4:4

*Necesitamos comer todos los días del pan de la palabra de Dios.*

Puedes dejar de comer pan físico por 40 días y no te mueres. Pero si dejas de comer el pan de la palabra por 40 días tú mismo te estas matando, espiritualmente hablando.

Interesantemente es que en la Biblia Dios mismo les dijo a algunos que comieran literalmente palabra de Dios para que la recibieran. Uno de ellos fue Ezequiel:

*"Y me dijo: Hijo de hombre, alimenta tu vientre, y llena tus entrañas de este rollo que yo te doy. Y lo comí, y fue en mi boca dulce como miel".* Ezequiel 3:3

Es necesario que comamos palabra de Dios todos los días de nuestra vida, este es nuestro alimento diario. Su palabra es viva y eficaz y como dice el profeta Isaías, hará la obra para la cual fue enviada.

*"Así será mi palabra que sale de mi boca; no volverá a mí vacía, sino que hará lo que yo quiero, y será prosperada en aquello para que la envié".* Isaías 55:11

## TESTIMONIO

### Libre de la inmoralidad sexual, el alcoholismo y las drogas

Mi nombre es Marcos Hernández y soy de México, doy gracias a Dios por la oportunidad de compartir este testimonio y que pueda ser usado para transformar tu vida. Fui abusado sexualmente cuando tenía cuatro años y desde ese momento mi vida cambió. El resentimiento y la falta de perdón entraron en mi vida para traer un caos por los siguientes dieciocho años. Me convertí en un joven que internamente odiaba a la sociedad, empezando por mi familia y hasta mí mismo. La falta de perdón causó muchos estragos en mí, el cual provocó que me sumergiera totalmente en la inmoralidad sexual, el alcoholismo y las drogas, hasta llegar al intento de suicidio. Verdaderamente fue muy difícil ser libre de todo eso y sobre todo perdonarme a mí mismo, el enemigo se encargaba de traer sentimientos de culpa todo el tiempo y cada vez era más difícil acercarme a Dios, hasta que un día escuché de una persona nombrar la *Iglesia Nueva Esperanza* y por simple curiosidad fui a visitarla, fue ese día que conocí de Jesús y tuve un encuentro personal con Él, a partir de ese momento comenzó un proceso de cambios en mi vida, hubo tentaciones que el enemigo trajo para que volviera a caer, no fue fácil pues después de recibir a Jesús como mi Señor y Salvador me alejé de Él y las cosas se pusieron peor. Viví de manera personal la palabra en Mateo 12:43-45 en la Biblia donde dice que después que la casa donde habitó el demonio quedó vacía, barrida y adornada por la mano de Dios, ésta no fue ocupada por el Espíritu Santo y como consecuencia el demonio regresó con siete más para hacer peores destrozos. Así que animo a las personas que lean este testimonio que no se aparten de Dios y no se rindan; pase lo que pase, nunca te rindas. Después de haberme alejado de su camino, Dios en su gran e infinito amor me trajo de regreso y fue en ese momento que me encontraba tocando fondo, que pude entender que sin Jesús mi vida no tiene sentido. Renuncié a las mentiras del demonio y fui libre por la obra de Cristo. Ahora vivo una vida en orden y en santidad, me casé con una maravillosa mujer y servimos juntos como Pastores en el Ministerio Juvenil, además soy libre de toda mentira destructora del diablo y puedo decirte que en Dios todo tiene solución. Pídele a Dios que te perdone por haber guardado falta de perdón en tu corazón y por todo pecado que te ha apartado de Él; entonces comienza a vivir una vida en la revelación de su palabra y del Pan de la liberación que te corresponde como hijo. ¡Dios te Bendiga!

---

Mi nombre es Roberto Barbosa, oro para que mi testimonio le traiga rompimiento financiero a su vida. Antes de que Cristo fuese revelado en mí, tenía una vida en abundancia, pero Dios no estaba en mi vida, así que no la valoraba y tampoco la disfrutaba y tal cual como llegó esa abundancia de rápido, de la misma manera se fue, porque esa provisión no venía de Dios, pues lo que viene de Él no añade tristeza con ella. Mi matrimonio y mi vida estaban rotos. Llegué a Carolina del Norte y conocí al hermano Víctor que me invitó a una Casa de Paz y posteriormente a la Iglesia Nueva Esperanza y recibí a Jesús en mi corazón junto con mi familia. Dios me reveló la visión de la iglesia y el poder del diezmo, porque antes no creía en diezmar. Recuerdo que el Pastor hizo un llamado para sembrar en el proyecto de pro-templo y yo le creí al Señor, así que en fe ofrendé una cantidad que jamás me había atrevido a dar y di más de lo que podía tener, fue un gran reto para mí, porque siempre daba lo que me correspondía pero jamás me iba la milla extra como ese día. Cuando lo hice nuestro padre espiritual, el Pastor Luis Rivas nos profetiza una casa y nosotros ni pensábamos en eso y para la Gloria de Dios, a los meses de haber pactado con esa ofrenda Dios nos la dio. A los seis meses fuimos obedientes y abrimos las puertas de nuestro nuevo hogar para que se estableciese una Casa de Paz con nosotros como anfitriones y luego recibimos inesperadamente un cheque en el correo por la cantidad de $5,000 y fui promovido en mi trabajo, recibiendo tres aumentos salariales en un corto tiempo. Todo por estar bajo obediencia a Dios. Hoy en día somos líderes de Casa de Paz en nuestra casa y agradecemos a Dios por Su fidelidad, Su provisión y Su amor.

## Tiempo de ser Activados

Tome un momento para declarar en el nombre de Jesús que Dios le dé el pan que como hijo le corresponde, por reconocer a Dios como Padre, por someterse a Su reinado y aprópiese de la provisión de Dios, del pan de Cristo, del pan de la liberación, y pronuncie palabra de Dios que también es el pan que necesitamos diariamente.

Nuevamente le invito a que oramos juntos repitiendo en voz audible:

*Padre Nuestro que estás en los cielos, santificado sea tu nombre, venga tu reino y que se haga tu voluntad en mi vida. Hoy entiendo que soy hijo y Tú has prometido proveer para mí y mi familia, por eso declaro que el pan de cada día dánoslo hoy, y ayúdame a recordar siempre que Tú, Padre, eres mi proveedor, por tanto, no temeré de lo porvenir porque sé que cada día Tú harás el milagro de proveer lo que necesite. Me declaro libre de la ansiedad y de la preocupación, en ti confío Padre, en el nombre de Jesús, amén.*

# CAPÍTULO 4

## PERDÓNANOS COMO NOSOTROS PERDONAMOS

### "Perdona nuestras deudas"

*"Y perdónanos nuestras deudas, como también nosotros perdonamos a nuestros deudores. Porque si perdonáis a los hombres sus ofensas, os perdonará también a vosotros vuestro Padre celestial; más si no perdonáis a los hombres sus ofensas, tampoco vuestro Padre os perdonará vuestras ofensas".*
Mateo 6:12, 14,15

La palabra "deudas" aquí es el vocablo griego *"Ofeilema"*, que significa lo siguiente:
Algo que se debe.
Una deuda legal que debe ser cancelada.
Metafóricamente es una ofensa o pecado.

*"Y perdónanos nuestros pecados, porque también nosotros perdonamos a todos los que nos deben. Y no nos metas en tentación, más líbranos del mal".* Lucas 11:4

La palabra "pecados" aquí es la palabra griega. *"Amartia"* que literalmente significa:
Errar al blanco.
Cometer un error.
Violar las leyes de Dios.

La falta de perdón impide que recibamos lo que Dios nos quiere dar, así que vamos a entender lo que es perdonar.

## ¿Qué es perdonar?

Es tomar la decisión de liberar o dejar ir a una persona que nos ha ofendido, ya sea que la ofensa sea real o imaginaria. Es dejar libre a quien nos ha causado algún daño.

Es dejar de torturarnos con los pensamientos de tristeza que nos produjo la ofensa. Es declarar libertad y descubrir que quién estaba encarcelado éramos nosotros mismos.

Algunos estudios médicos dicen que la falta de perdón puede contribuir a que las personas sufran enfermedades crónicas como el cáncer, úlceras, artritis y otras.

Luis Rivas

## ¿Qué no es perdonar?

Esforzarse por olvidar lo que pasó, pretender que el tiempo lo borrará, ignorar, disculparlo, pero sin sentirlo realmente, o decir "te perdono".

## Imposible que no nos ofendan

Jesús nos enseña en la palabra que es imposible que no recibamos ofensas, las ofensas son parte de la vida y es una de las formas en las que podemos examinar cómo está nuestro corazón.

*"Dijo Jesús a sus discípulos: Imposible es que no vengan tropiezos; mas ¡ay de aquel por quien vienen! 2 Mejor le fuera que se le atase al cuello una piedra de molino y se le arrojase al mar, que hacer tropezar a uno de estos pequeñitos. 3 Mirad por vosotros mismos. Si tu hermano pecare contra ti, repréndele; y si se arrepintiere, perdónale. 4 Y si siete veces al día pecare contra ti, y siete veces al día volviere a ti, diciendo: Me arrepiento; perdónale".*
Lucas 17:1-4

La palabra tropiezo u ofensa en el idioma griego es *"escandalon"*, de donde viene la palabra escándalo o alboroto, pero cada uno debe tomar la decisión de quedarse con la ofensa y el escándalo o perdonar para ser libre de la falta de perdón.

También Jesús nos enseñó cómo debemos perdonar a nuestros hermanos que pequen contra nosotros:

*"Entonces se le acercó Pedro y le dijo: Señor, ¿cuántas veces perdonaré a mi hermano que peque contra mí? ¿Hasta siete? 22 Jesús le dijo: No te digo hasta siete, sino aun hasta setenta veces siete".* Mateo 18:21-22

Quizás algunos dirán: ¿entonces tengo que comenzar a contar cuántas veces voy a perdonar a alguien? Y la respuesta es no, porque tendrías que contar diariamente.

> *Lo que Jesús nos está enseñando es que en el plan de Dios está que aprendamos a perdonar sin guardar rencor como Él mismo lo hizo con nosotros.*

## Cómo perdona Dios y cómo debemos perdonar nosotros

La mayoría de las personas quieren acercarse a Dios, pero viven todavía con falta de perdón en su corazón sin entender cómo Dios perdona.

Dios perdona de una forma que nosotros tenemos que entender. Cuando recibimos Su perdón lo que habíamos hecho queda en el olvido, queda sepultado, Él comienza nuevamente con nosotros, así que tenemos que aprender a perdonar como Jesús lo hace, no recordándole a la gente lo que nos ha hecho antes, sino más bien dejando libre aquello que nos estaba oprimiendo.

*"Él volverá a tener misericordia de nosotros; sepultará nuestras iniquidades, y echará en lo profundo del mar todos nuestros pecados".*
Miqueas 7:19

Jesús mismo perdonó a todos los que le estaban crucificándolo, a los que injustamente le juzgaron, a los que le negaron y traicionaron, a todos. Si Él no hubiese perdonado sinceramente, su sacrificio en la cruz no hubiese tenido valor alguno para producir la salvación, ya que hubiera llegado a su muerte en la cruz lleno de resentimiento y falta de perdón, por eso públicamente Jesús expresó el perdón a todos, un perdón real y lleno de compasión.

*"Y Jesús decía: Padre, perdónalos, porque no saben lo que hacen. Y repartieron entre sí sus vestidos, echando suertes".* Lucas 23:34

## La Parábola de los dos deudores

En esta narración Jesús nos enseña con una parábola, que en ocasiones nos acercamos a Él para pedir perdón y somos perdonados, pero luego nosotros no queremos perdonar las ofensas de los demás.

Al final, si no perdonamos, seremos víctimas de los "verdugos" que literalmente significan los torturadores.

*"23 Por lo cual el reino de los cielos es semejante a un rey que quiso hacer cuentas con sus siervos.*

*24 Y comenzando a hacer cuentas, le fue presentado uno que le debía diez mil talentos.*

*25 A éste, como no pudo pagar, ordenó su señor venderle, y a su mujer e hijos, y todo lo que tenía, para que se le pagase la deuda.*

*26 Entonces aquel siervo, postrado, le suplicaba, diciendo: Señor, ten paciencia conmigo, y yo te lo pagaré todo.*

*27 El señor de aquel siervo, movido a misericordia, le soltó y le perdonó la deuda.*

*28 Pero saliendo aquel siervo, halló a uno de sus consiervos, que le debía cien denarios; y asiendo de él, le ahogaba, diciendo: Págame lo que me debes.*

Luis Rivas

*29 Entonces su consiervo, postrándose a sus pies, le rogaba diciendo: Ten paciencia conmigo, y yo te lo pagaré todo.*

*30 Más él no quiso, sino fue y le echó en la cárcel, hasta que pagase la deuda.*

*31 Viendo sus consiervos lo que pasaba, se entristecieron mucho, y fueron y refirieron a su señor todo lo que había pasado.*

*32 Entonces, llamándole su señor, le dijo: Siervo malvado, toda aquella deuda te perdoné, porque me rogaste.*

*33 ¿No debías tú también tener misericordia de tu consiervo, como yo tuve misericordia de ti?*

*34 Entonces su señor, enojado, le entregó a los verdugos, hasta que pagase todo lo que le debía.*

*35 Así también mi Padre celestial hará con vosotros si no perdonáis de todo corazón cada uno a su hermano sus ofensas".*

Mateo 18:23-35

## ¿Cuáles son las consecuencias de no perdonar?

Cuando no perdonamos, realmente no hemos comprendido el énfasis que Jesús ha hecho incluyendo el perdón en nuestra oración modelo, entonces cometemos uno de los errores más grandes que puede hacer el ser humano, que es simplemente no perdonar. Pero ¿cuáles son las consecuencias de no perdonar según la Palabra de Dios? ¡Desobedecemos a Dios, por tanto, Dios no nos perdona!

El perdón no es un sentimiento, es un acto de nuestra voluntad, una decisión; si nosotros no perdonamos, estamos desobedeciendo porque Dios nos manda a perdonar.

*"Porque si perdonáis a los hombres sus ofensas, os perdonará también a vosotros vuestro Padre Celestial; 15 mas si no perdonáis a los hombres sus ofensas, tampoco vuestro Padre os perdonará vuestras ofensas".* Mateo 6:14-15

## 1. Si no perdonamos el enemigo toma ventaja en nuestra vida

Cuando no perdonamos, le damos cabida al enemigo para que el corazón se llene de rencor y amargura, esa amargura echa raíces que trae destrucción generalmente en todas las áreas de nuestra vida.

*"Mirad bien, no sea que alguno deje de alcanzar la gracia de Dios; que brotando alguna raíz de amargura, os estorbe, y por ella muchos sean contaminados".* Hebreos 12:15

Luis Rivas

> ¡Nuestras oraciones son estorbadas y nuestro crecimiento espiritual se estanca! Si no perdonamos, estaremos delante de un gran problema en nuestra vida espiritual y personal.

*"Y cuando estéis orando, perdonad, si tenéis algo contra alguno, para que también vuestro Padre que está en los cielos os perdone a vosotros vuestras ofensas"*. Marcos 11:25

## 2. Dios no recibe nuestras ofrendas

Aunque diezmamos y ofrendamos muchas veces no somos prosperados por la falta de perdón.

*"Por tanto, si traes tu ofrenda al altar, y allí te acuerdas de que tu hermano tiene algo contra ti, 24 deja allí tu ofrenda delante del altar, y anda, reconcíliate primero con tu hermano, y entonces ven y presenta tu ofrenda"*.
Mateo 5: 23-24

## 3. El Señor nos entrega a los Verdugos (atormentadores)

Cada vez que recuerde lo que le han hecho, su mente será atormentada con rencor, dolor, ira, malos pensamientos, deseos de venganza etc.

*"Entonces su señor, enojado, le entregó a los verdugos, hasta que pagase todo lo que le debía. 35 Así también mi Padre Celestial hará con vosotros si no perdonáis de todo corazón cada uno a su hermano sus ofensas".*
Mateo 18:34-35

## 4. La Fe es Anulada

Sin perdón la fe es anulada por la mala conciencia, es decir, por los malos pensamientos que agobian nuestra mente.

*"Acerquémonos con corazón sincero, en plena certidumbre de fe, purificados los corazones de mala conciencia, y lavados los cuerpos con agua pura".* Hebreos 10:22

## 5. El Amor es anulado

Donde no hay perdón el amor de Dios no puede fluir porque Él es Amor.

*"El que no ama, no ha conocido a Dios; porque Dios es amor".* 1 Juan 4:8

## TESTIMONIOS

### Librada de la falta de perdón y resentimiento

Mi nombre es Patricia Pacheco, originalmente de Honduras. Llegué a la *Iglesia Nueva Esperanza* en el año 2017, mi corazón venía lastimado porque lo había entregado todo en servicio y pasión junto con mi esposo y mis hijos en otra iglesia que nos congregábamos por 11 años, nos sentíamos desvalorizados, como si todo lo que habíamos hecho allí hubiera sido en vano, aunque sabíamos que para Dios no lo era. Queríamos crecer y nos sentíamos estancados. Comenzamos a morir espiritualmente, y eso fue una alarma en nuestras vidas ya que sabíamos que detrás de nosotros venía una generación la cual no podíamos ignorar. Así que pedimos dirección a Dios y que Él sanara nuestros corazones y pudiéramos perdonar por lo que nos había sucedido. Fue entonces cuando llegamos a nuestra casa INE y conocimos a nuestros padres espirituales, los Pastores Luis y Marlene Rivas, y comenzaron a ministrar nuestras vidas llevándonos a un crecimiento mayor en lo espiritual y en nuestra vida cotidiana, donde hemos experimentado el Poder Sobrenatural de Dios. Un domingo, en un servicio, recibí una palabra profética de parte de mi Pastor Luis Rivas donde Dios respondió a mi clamor confirmándome que tenía que ocuparme de Sus negocios y que yo tenía que hacer lo que ya Él había dicho de mí. Eso para mí fue totalmente impactante. Ellos nos invitaron a una reunión de sanidad interior donde nuestros corazones fueron sanados, liberados, y pude entender la importancia de perdonar, luego asistí también a un evento en la iglesia llamado *"Déboras"* que es para mujeres y fue allí donde tuve un total rompimiento en mi vida y fui activada a lo que Dios me mandó a hacer y es rescatar las almas para Su Reino. Actualmente soy líder de *Casa de Paz* junto con mi esposo, y mi hija es parte del grupo de adoración y su crecimiento ha sido notorio. ¡Estamos muy felices caminando en Su propósito y por pertenecer a nuestra casa *Iglesia Nueva Esperanza* y le damos la Gloria y la Honra a Dios!

---

Mi nombre es Jeimmy Peralta, el día que tuve un encuentro con Dios fue cuando mi esposo decidió abrir su corazón conmigo y me contó lo que le había pasado cuando era pequeño. Él había sido abusado sexualmente por familiares y en mi caso yo fui abusada por mi padre biológico, y allí pude darme cuenta claramente que no era la única que estaba en dolor y sentí que en ese mismo instante se me fue un gran peso y pude sentir la paz del Señor en mi corazón y entendí que ya tenía que dejar ir ese dolor porque eso estaba afectando incluso hasta mi matrimonio. Recuerdo que fui invitada a la *Igle-*

Luis Rivas

*sia Nueva Esperanza* para una reunión de sanidad interior y allí se me reveló en lo espiritual a profundidad que tenía falta de perdón, fui afirmada, pues el Señor se había llevado ese dolor y sabía que Él me amaba, porque cuando pasas por una situación así, sientes culpabilidad de un suceso de esa magnitud y te haces muchas preguntas, ¡imagínese! Yo era una niña de sólo 10 años, Dios me libró de esa culpa y por fin pude perdonar, sentí su presencia y se me reveló el amor de Dios en mi vida y me di cuenta de que no estoy sola porque lo tengo a Él y es más que suficiente. Ahora soy una mujer libre y puedo decir que tengo temor de Dios, en todo lo que hago siempre quiero agradarlo y sé que Él está conmigo todos los días y le sirvo con amor.

## Tiempo de ser Activados

### ¿Qué hacemos para perdonar?

• Tome la decisión de perdonar con todo su corazón.
• Arrepiéntase y pida perdón a Dios por guardar tanto tiempo esa ofensa.
• Haga una lista si es posible de las personas que necesita perdonar y lo que necesita perdonar.

- Exprese su perdón en forma verbal, si es posible comuníquese con la persona y dígale que la perdonó.

Oremos juntos esta oración tan importante donde pedimos perdón y perdonamos:

*Padre Nuestro, que estás en los cielos, santificado sea tu nombre, gracias por Jesucristo quién es mi Señor y Salvador. Hoy te pido perdón por mis pecados, por lo que haya hecho o aún haya pensado hacer. Límpiame de mi pecado y quita toda maldad de mi vida. Yo también perdono a todo al que me haya hecho daño, a los que me han ofendido, a los que han levantado falsos testimonios contra mí, hoy perdono y me libero de toda falta de perdón en el nombre de Jesús, amén.*

Luis Rivas

# CAPÍTULO 5

# NO NOS METAS EN TENTACIÓN Y LÍBRANOS DEL MALIGNO

## "No nos Metas en Tentación"

*"Y no nos metas en tentación, más líbranos del mal; porque tuyo es el reino, y el poder, y la gloria, por todos los siglos. Amén".*
Mateo 6:13 (RVA)

*"Y cuando vengan las pruebas, no permitas que ellas nos aparten de ti, y líbranos del poder del diablo".* Mateo 6:13 (TLA)

*L*a última parte de nuestra oración modelo es un clamor a Dios por nuestras vidas, por protección, que solo viene del cielo y también aquí hay mucha revelación de los planes de Dios y lo que Jesús nos quería enseñar para empoderarnos en una vida de victoria.

## ¿Qué es tentación y qué es una prueba?

La tentación no es pecado, pero caer en la tentación sí lo es.

La palabra tentación se puede traducir de dos formas, pruebas o tentaciones.

Tentación es el vocablo griego *"Peirasmos"* que significa literalmente: adversidad, aflicción, problema o prueba, que cuando viene de Dios es para hacernos crecer en el carácter de Cristo y llevarnos a la fe y a la santidad.

La palabra tentación es básicamente una oferta para hacer algo malo en contra de la voluntad de Dios y que se produzca una rebelión como la que hizo el demonio antes de ser echado del cielo. Es importante señalar que Dios no tienta a nadie, solo el demonio lo hace, pero para que podamos ser tentados, Dios mismo está consciente de lo que el enemigo quiere hacer y necesita el permiso de Él, pero el propósito de Dios no es que caigas en el pecado, sino que experimentes la victoria de decirle NO al enemigo.

El diablo tienta para hacerte pecar y por consiguiente el pecado producirá muerte, por otro lado, cuando estamos frente a una prueba, Dios

Luis Rivas

prueba tu carácter para que crezcas y pases a otro nivel de fe.

*"Hermanos míos, tened por sumo gozo cuando os halléis en diversas pruebas, sabiendo que la prueba de vuestra fe produce paciencia".* Santiago 1:2-3

El propósito de Jesús es que a través de la oración constante te fortalezcas y estés preparado para superar las pruebas y vencer las tentaciones cuando éstas se presenten, porque las pruebas y las tentaciones también son parte de nuestra vida.

*"Vino luego a sus discípulos, y los halló durmiendo, y dijo a Pedro: ¿Así que no habéis podido velar conmigo una hora? 41 Velad y orad, para que no entréis en tentación; el espíritu a la verdad está dispuesto, pero la carne es débil".* Mateo 26:40-41

> *¡Cuando vences la tentación del enemigo, experimentas la victoria de Cristo en la Cruz y en Su resurrección y esto es básicamente el propósito de Dios!*

*"Bienaventurado el varón que soporta la tentación; porque cuando haya resistido la prueba, recibirá la corona de vida, que Dios ha prometido a los que le aman".* Santiago 1:12

Un hijo de Dios que no ora en el espíritu se debilita, y fácilmente es seducido a la tentación para cometer pecado. Básicamente y en síntesis, lo que Jesús nos enseña en esta parte de la oración es esto: "Señor, no permitas que mi carne se debilite a tal punto que pueda ceder a la tentación fácilmente".

Recuerde también que Dios no puede ser tentado para pecar, porque no hay pecado en Dios, si tu espíritu está en conexión con el Espíritu de Dios, tu espíritu resistirá a la voluntad del enemigo y la carne se sujetará.

## El proceso de la tentación

*"Cuando alguno es tentado, no diga que es tentado de parte de Dios; porque Dios no puede ser tentado por el mal, ni él tienta a nadie; 14 sino que cada uno es tentado, cuando de su propia concupiscencia es atraído y seducido. 15 Entonces la concupiscencia, después que ha concebido, da a luz el pecado; y el pecado, siendo consumado, da a luz la muerte".* Santiago 1:13-15

> *Dios no tienta
> ni puede ser tentado
> para pecar.*

Cada persona es tentada por sus propios deseos y pasiones carnales.

*Lo primero es la atracción,* llamar la atención de tu voluntad.

*Segundo es la seducción,* el enemigo seduce para presentar la tentación como algo "bueno" que tú mereces.

Cuando tu mente concibe el pecado, es cuando estás convencido de lo que vas a hacer y comienzas a hacer los planes de la consumación.

Cuando el plan es hecho, da a luz el pecado y al caer en la tentación has rendido tu voluntad a la del enemigo, entregándole el control de tu vida.

Lo último de todo que Dios nos advierte, es que el pecado produce la muerte. Después que has caído en el pecado el enemigo te acusa para que no te arrepientas y al final llegues a la muerte espiritual y en muchos casos la muerte física.

Por todo esto no permitas nunca que tu voluntad sea rendida al enemigo, siempre él va a buscar tu punto débil para repetir la misma tentación, una y otra vez. El enemigo no es creativo sino repetitivo, es por eso por lo cual necesitamos orar y fortalecernos en Cristo diariamente.

Dios nos ilustra el poder de la prueba y el crecimiento con el caso de Job:

*"Y Jehová dijo a Satanás: ¿No has considerado a mi siervo Job, que no hay otro como él en la tierra, varón perfecto y recto, temeroso de Dios y apartado del mal? 9 respondiendo Satanás a Jehová, dijo: ¿Acaso teme Job a Dios de balde? 10 ¿No le has cercado alrededor a él y a su casa y a todo lo que tiene? Al trabajo de sus manos has dado bendición; por tanto, sus bienes han aumentado sobre la tierra".*
Job 1:8-10

El propósito del diablo era matar a Job, que negara y renunciara a Dios, pero el propósito de Dios era pasarlo a otro nivel de fe y por eso Job llegó a decir estas palabras, que creo son la clave de todo el libro:

*"De oídas te había oído; mas ahora mis ojos te ven".* Job 42:5

El libro de Job no habla del sufrimiento solamente, sino es una revelación clara y precisa de lo que sucede cuando somos tentados y resistimos al diablo, pero también cuando somos probados y podemos avanzar para crecer y convertirnos en mejores hijos de Dios con una revelación mayor. Al final, las palabras de Job nos muestran su admiración al saber que por su fidelidad y por haber superado las pruebas llegó a un nivel de fe donde podía decir que había tenido un encuentro real y verdadero con Dios. Esto también es el plan de Dios para tu vida, que vayas andando constantemente de victoria en victoria y de poder en poder.

## Doxología

*"...porque tuyo es el reino, y el poder, y la gloria, por todos los siglos. Amén".* Mateo 6:13

Esta oración termina con una Doxología donde se afirma, una vez más, la magnificencia y el reinado de Dios sobre todo y sobre todos. Vamos a ver qué significa esto:

*El Reino:*
Por encima de todo, Dios sigue reinando, todo le pertenece a Él y si Él es tu Rey, estás protegido.

*El Poder:*
Dios es Todopoderoso, no hay nada imposible para Él, y quiere empoderarte para sacarte de cualquier situación que estés, para mantenerte creciendo y llevarte al nivel de Su poder explosivo.

*La Gloria:*
El ámbito de la presencia sobrenatural de Dios, donde deberíamos habitar siempre para estar seguros en Él.

## TESTIMONIO

### Librado de las artimañas de satanás

Mi nombre es Johnny Rodríguez, resido en Venezuela. Declaro, decreto y determino que a través de mi testimonio serás libre de la opresión del enemigo. Soy un hombre preparado académicamente en muchos niveles, preparado y entrenado militarmente, soy conocedor y he estudiado a profundidad los procesos y las plataformas mentales, certificado y asesor mundial en conocimientos del comportamiento del ser humano en el contexto de seguridad, pero lo más importante es que soy conocedor a profundidad de la palabra de Dios y reconozco que sin Él, nada soy. Por diferentes circunstancias en mi vida y exceso de trabajo me llegué a desviar y el diablo tomó ventaja sobre eso y estando dentro, con el enemigo luchando en una gran batalla de pastillas para dormir, para la depresión, sentía opresión, estrés, incredulidad, ataques de pánico, ansiedad, dolores de cabeza, dolor en mi columna, inicio de síntomas de convulsiones e inclusive hasta llegar a sentir miedo y ganas de morirme. Es entonces que Dios me habla desde afuera de este gran caos por el que atravesaba, a través de mis Pastores y de una manera intensa en amor del Señor por mi hermana Jenny que se congrega en la *Iglesia Nueva Esperanza* en Carolina del Norte y fue donde ella le llevó mi caso al Pastor Luis Rivas, donde testifico que es tremendo profeta y hombre de Dios, y a través de llamadas telefónicas me dio una palabra que fue la entrada al comienzo del proceso de rompimiento para librarme del mal. Dios me habló a través de él diciéndome que me libraría del mal poco a poco, así como fue liberando Israel, y que no era un proceso de un día, sino por un período no muy largo, y entendí que Él me estaba enseñando cómo se libra el mal para después usar mi vida y ayudar a otros a que sean liberados también, especialmente cuando conocen la palabra de Dios. Es decir, la verdad de Dios donde aquel que cae por temor a ser señalado calla, oculta y simula que están bien, pero por dentro hay una gran lucha, es allí donde el Señor trajo a mi memoria Su palabra de que todo obra para bien para los que le amamos, y yo lo amo y sé que tú también; cuando tú le hablas a alguien y le miras a los ojos desde un testimonio verdadero y vivido vas a entrar en la plenitud, seguridad y confianza totalmente para decirle con autoridad de que tiene que ser ¡libre! Libre de las pastillas, de las fortalezas mentales que el enemigo trae para robar, destruir y matar. Dios me liberó de todo eso prácticamente de una manera instantánea y me trajo de regreso a casa, es decir, a morar bajo la sombra del Omnipotente. Hoy en día me levanto cada mañana con estas palabras "Padre nuestro" y me postro a llorar a decirle "gracias", el agradecimiento de que somos sus hijos y por tal motivo somos salvos. Soy un hombre libre, feliz y con propósito y cuando Dios me coloca a personas con cautiverio extremo espiritualmente, se cumple en mí lo que Él me dijo, que usaría mi vida para liberarlos. Soy líder en el ministerio de matrimonios junto con mi esposa en la iglesia donde nos congregamos, y quiero bendecir con todo mi corazón el Ministerio de los Pastores Luis y Marlene Rivas y la visión de la *Iglesia Nueva Esperanza*, bendigo sus vidas y le doy gracias a Dios primeramente por siempre amarme y gracias al Pastor Luis Rivas por haberse tomado el tiempo y el amor por ayudarme, ya que se estableció un esfuerzo continuo por velar y orar en conjunto con otros discípulos de su iglesia. ¡Les amo en Cristo Jesús!

## Tiempo de Ser Activados

Ora para que Dios te fortalezca y en medio de la prueba experimentes la victoria de Cristo.

Ora para que el enemigo no pueda tener acceso a tu voluntad y la entregues a Él.

Job oraba todos los días por lo tanto conocía a Dios.

Oremos juntos al Padre:

*Padre nuestro que estás en los Cielos, hoy más que nunca me aferro a la obra de Cristo en la cruz donde Él venció al enemigo y nos dio libertad. Ahora Señor, no permitas que caiga en tentación y líbrame del maligno. Padre, oro para que me liberes de toda asechanza del enemigo, de toda trampa que ha querido poner sobre mi vida. Declaro que la victoria de Cristo es también mi victoria y que el enemigo no tiene acceso porque Tu poder me sostiene. Te doy muchas gracias en el nombre de Jesús, amén.*

# CAPÍTULO 6

## EL TABERNÁCULO Y
## EL PADRE NUESTRO

*H*ablando de la revelación del *Padre Nuestro*, no podemos dejar de mencionar la analogía de la oración modelo de Jesús y el Tabernáculo, lo cual tiene que ver muchísimo con lo que Dios reveló más adelante en la persona de Jesús.

A través de la historia de la humanidad, Dios se ha estado revelando cada vez más para que conozcamos su naturaleza y caminemos con Él como fue y ha sido su propósito original. En este sentido la oración del *Padre Nuestro* también es un cúmulo de revelaciones de lo que Dios mostró en el pasado para que se pueda entender la obra de Cristo.

En el libro de Éxodo, Dios mismo llamó a Moisés en el desierto y lo empoderó para que sacara al pueblo de Israel de Egipto, donde habían sido esclavos por muchos años, pero algo muy interesante e importante sucedió cuando llamó y se reveló a Moisés y lo hizo como: *"El Yo Soy"*, *"YAWEH"* en el idioma hebreo.

*"Y respondió Dios a Moisés: YO SOY EL QUE SOY. Y dijo: Así dirás a los hijos de Israel: YO SOY me envió a vosotros"*. Éxodo 3:14

---

**"YO SOY EL QUE SOY"** *Que en hebreo literalmente significa el que existe por sí mismo, el que se empodera a sí mismo, permanece, se levanta y el que existe por la eternidad.*

---

Éste mismo Dios que sigue inmutable por toda la eternidad se comienza a revelar al primero que escribe los manuscritos de la palabra de Dios. El Gran Yo Soy que se manifiesta de muchas formas a través de toda la escritura para revelarnos quién es, para suplir todo lo que el ser humano puede necesitar. El mismo Dios que en el evangelio de Juan se revela como el verbo que existe desde antes de la fundación del mundo y que es el logos de Dios. *"en el principio era el verbo, y el verbo era con Dios y el verbo era Dios"*. Juan 1:1

En el mismo evangelio de Juan encontramos que Jesús se revela como el *Gran Yo Soy* cuando dijo en siete ocasiones *"Yo Soy"*.

### 1.- Yo Soy El Pan de Vida

*"Jesús les dijo: Yo soy el pan de vida; el que a mí viene, nunca tendrá hambre; y el que en mí cree, no tendrá sed jamás".* Juan 6:35

### 2.- Yo Soy La Luz Del Mundo

*"Otra vez Jesús les habló, diciendo: Yo soy la luz del mundo; el que me sigue, no andará en tinieblas, sino que tendrá la luz de la vida".* Juan 8:12

### 3.- Yo Soy La Puerta

*"Yo soy la puerta; el que por mí entrare, será salvo; y entrará, y saldrá, y hallará pastos".* Juan 10:9

### 4.- Yo Soy El Buen Pastor

*"Yo soy el buen pastor; el buen pastor su vida da por las ovejas".* Juan 10:11

### 5.- Yo Soy La Resurrección y La Vida

*"Le dijo Jesús: Yo soy la resurrección y la vida; el que cree en mí, aunque esté muerto, vivirá.*

*Y todo aquel que vive y cree en mí, no morirá eternamente".* Juan 11:25-26

## 6.- Yo Soy El Camino, y La Verdad, y La Vida

*"Jesús le dijo: Yo soy el camino, y la verdad, y la vida; nadie viene al Padre, sino por mí".* Juan 14:6

## 7.- Yo Soy La Vid

*"Yo soy la vid, vosotros los pámpanos; el que permanece en mí, y yo en él, éste lleva mucho fruto; porque separados de mí nada podéis hacer".* Juan 15:5

Lo que esto significa para nosotros es muy importante, **la revelación del Gran Yo Soy** es una realidad en Jesús, pero al mismo tiempo es lo que Dios reveló en el tiempo de Moisés. Esta conexión nos lleva también a entender algunas de las cosas que Jesús mencionó para hacer remembranza a lo que significaba entrar a la presencia del Padre.

En el capítulo dos de este libro, hablé de Jesús como el Pan de Vida. Aquí quiero hablar de Jesús como el Camino, la Verdad y la Vida. Cuando Dios le dio instrucciones a Moisés para

Luis Rivas

que edificara el Tabernáculo, las instrucciones fueron muy precisas, y en estas instrucciones se estableció que el Tabernáculo tenía básicamente 3 partes principales:

El Atrio
El Lugar Santo
El Lugar Santísimo

Cada uno de estos lugares tenía una separación la una de la otra con una puerta de entrada, que en el Tabernáculo eran básicamente cortinas o velos, por lo cual el lugar Santo estaba separado del lugar Santísimo según las instrucciones de Dios:

*"Y pondrás el velo debajo de los corchetes, y meterás allí, del velo adentro, el arca del testimonio; y aquel velo os hará separación entre el lugar santo y el santísimo".* Éxodo 26:33

Lo más interesante en este sentido es que cada una de estas puertas o velos tenían su nombre, y los nombres de estas puertas o cortinas eran justamente los que Jesús mencionó en el evangelio de Juan 14:6:

El Camino
La Verdad
La Vida

*"Jesús le dijo: Yo soy el camino, y la verdad,*
*y la vida; nadie viene al Padre, sino por mí.*
Juan 14:6 (RVR1960)

En el momento que Jesús hizo esta afirmación, se estaba refiriendo a que en el Tabernáculo se llegaba al Padre entrando en el lugar Santísimo, a través de tres puertas o velos, pero solo una persona, el Sumo Sacerdote, podía hacerlo una vez al año, después de prepararse con una cantidad de rituales. Ahora bien, todo lo que esos rituales y sacrificios representaban hacían referencia a Cristo mismo, quien viene a ser nuestro Gran Sumo Sacerdote según el orden de *Melquisedec*, que es Rey y Sacerdote del Dios Altísimo. Pero, así como dice la escritura, todo aquello era sombra de lo que había de venir.

*"Los cuales sirven a lo que es figura y sombra*
*de las cosas celestiales, como se le advirtió a*
*Moisés cuando iba a erigir el tabernáculo, di-*
*ciéndole: Mira, haz todas las cosas conforme*
*al modelo que se te ha mostrado en el monte".*
Hebreos 8:5

Por lo tanto, podemos concluir que la vida completa de Jesús estaba representada en el Tabernáculo, donde hoy Él nos ha dado acceso al Padre, porque Él se hizo sacrificio y como sacerdote presentó el sacrificio, salió de la muerte y resucitó para darnos vida, darnos acceso y hacernos a cada uno de nosotros reyes y sacerdotes para tener acceso al Dios Padre y Todopoderoso.

Jesús nos enseña entonces la oración del *Padre Nuestro*, justamente para guiarnos a entrar al lugar Santísimo que es donde se manifiesta la Gloria de Dios mejor conocida como la "*shekina*", en hebreo.

> *Es allí donde Él quiere tener un encuentro personal contigo; ese es el lugar secreto del que habla Jesús cuando nos enseñó la oración modelo.*

## El Tabernáculo a través del Padre Nuestro

Jesús dice Padre nuestro, porque es la relación que ha querido establecer con su pueblo desde un principio, el único que podía entrar al lugar Santísimo era el Sumo Sacerdote una vez al año, Jesús es nuestro Sumo Sacerdote y nos da acceso al Padre celestial.

Cuando Jesús muere en la cruz, se rompe el velo del templo, es decir, la puerta para entrar al lugar Santísimo, esta se llama Vida, entonces recibimos la vida eterna y el acceso para entrar en el lugar secreto a tener intimidad con nuestro Padre.

En el Tabernáculo había una columna de fuego por las noches y una nube de Gloria y protección durante el día, lo cual representaba el cuidado diario del Padre que está en los cielos y la guía para que Su pueblo caminara bajo Su protección; hoy en día el Padre también quiere seguir guiándonos y cuidándonos de una forma más personal, porque ahora no sólo se ha revelado no solo como Dios, sino como Padre.

En el desierto, cuando el pueblo de Dios estaba alrededor del Tabernáculo, Él les daba pan del cielo todos los días, *"el maná"*, el cual solo podían usarlo "para cada día" porque al día siguiente ya no servía y el único maná que se mantuvo bueno y sin dañarse fue el que depositaron dentro del Arca del Pacto que estaba justo en el lugar santísimo. En la oración del Padre *Nuestro*, Jesús nos enseña diciendo: *"El pan nuestro de cada día dánoslo hoy"*. (vea Mateo 6:11).

Nadie venía al Tabernáculo sin un sacrificio, y al salir de allí los pecados eran cubiertos. Cristo se hizo Él mismo el sacrificio para que nosotros pudiésemos recibir perdón de pecados y el mismo Jesús nos enseñó a perdonar a otros

Luis Rivas

cuando dijo en la cruz: "Padre perdónalos". Por eso nos enseña en el *Padre Nuestro* a decir: *"Perdona nuestras deudas, así como también nosotros perdonamos a nuestros deudores".* (vea Mateo 6:12).

Hoy en día nosotros somos el templo de Dios, el tabernáculo no hecho de hombres, sino por Dios mismo:

*"¿No sabéis que sois templo de Dios, y que el Espíritu de Dios mora en vosotros?"*
1 Corintios 3:16

También nosotros tenemos tres partes: espíritu, alma y cuerpo. Para tener comunión con Dios, nuestro cuerpo, que es el Tabernáculo, el Atrio o la parte externa, va a hablar y a oír físicamente; nuestra mente que es el lugar Santo, debe estar alineada con Dios para que nuestros pensamientos, que es nuestra alma, se sujeten a lo que va a suceder con nuestro espíritu; nuestro espíritu es el lugar Santísimo, donde el Espíritu de Dios se manifiesta para conectarse a través de Él mismo y recibir edificación como hijos del Padre Eterno.

Cuando llegamos a la intimidad con Dios y hablamos en otras lenguas, en este lugar secreto, la Gloria de Dios será una realidad en su vida. ¡Aleluya!

Todo este breve recorrido por el Tabernáculo nos ayuda a entender que el propósito de Dios siempre ha sido revelarse a Sus hijos, Él desea que le busquemos diariamente para tener un encuentro en el lugar secreto, que es el lugar Santísimo. El libro de apocalipsis dice que Jesús nos hizo reyes y sacerdotes para nuestro Rey y nos dio acceso:

*"Y nos has hecho para nuestro Dios reyes y sacerdotes, y reinaremos sobre la tierra".*
Apocalipsis 5:10

---

*¡Así que acudamos a este encuentro!*
*Porque tenemos acceso al Padre Celestial.*

---

## Tiempo de ser activados

Ahora mismo es el tiempo de entender que todo lo que Jesús hizo fue lo que Dios preparó para que nosotros tuviéramos acceso al Santo de los Santos. Comienza a clamar a Dios para que entres a ese lugar secreto y tu Padre, que ve en lo secreto, te va a recompensar en público (vea Mateo 6:6). ¡Es decir, comienza ya mismo!

Luis Rivas

Tiempo de orar juntos:

*Padre Celestial, gracias por Jesucristo quien es el Gran Yo Soy, gracias por guiarme y llevarme a tener una relación personal contigo, hoy entiendo que tu Santo Espíritu habita en mí porque somos templo del Espíritu Santo y por tanto tabernáculos del Dios Todopoderoso. Padre, hoy hago un clamor diciendo: ¡habita en mí! y continúa haciendo tu obra para que cada día pueda conocerte más. Rindo mi vida a ti y declaro que tu Santo Espíritu, ahora mismo habita en mí. Toma todo control y dominio, de mi cuerpo, mi mente y que mi espíritu se conecte contigo en el nombre de Jesús, amén.*

# CAPÍTULO 7

## ¿QUÉ HACER DESPUÉS QUE RECIBES REVELACIÓN?

### ¿Qué hacemos ahora?

*P*odemos decir ahora, que hay mucha revelación en esta oración modelo del *Padre Nuestro*. Ahora es el tiempo en que comience a orar a nuestro Padre con entendimiento de lo que Dios nos ha querido revelar y comience a hacerlo de forma efectiva.

*Entienda que los propósitos de Dios siempre han sido los mismos*, relacionarse con cada uno de nosotros, como su especial tesoro. Siempre que piense en orar, entre al lugar Santísimo a través de Cristo y disfrute de la presencia del Padre Celestial. Dios está buscando relacionarse con nosotros, revelarse a nosotros.

*Acérquese a Dios como hijo o como hija,* en adoración sincera en espíritu y en verdad, entienda que necesitamos sujetarnos a Su reinado que podamos tener acceso a todo lo que Dios nos quiere entregar.

*Aprenda a recibir su pan cada día,* porque diariamente necesitamos de Dios, y nuestro Padre siempre nos espera para tener un encuentro personal con Él, esta fue Su intención original desde el tiempo de la creación con Adán y Eva, aunque esta relación diaria se rompió cuando el pecado causó división entre Dios y la humanidad. ¡Pero Cristo la vino a restaurar!

*Aprenda a perdonar como Dios nos perdonó* a nosotros y ríndase a Él para que esté totalmente protegido contra toda amenaza del enemigo.

---

*Entre en su lugar secreto y experimente un encuentro sobrenatural con su Padre Celestial a fin de que pueda ser empoderado y tener la autoridad de Cristo.*

---

*¡Quiero orar por usted en este momento y desatar esta revelación sobre su vida!*

Luis Rivas

Le animo a que diga esta oración en voz alta:

*Padre Celestial, en el nombre de Jesús envío en este momento palabra de bendición y de revelación sobre cada persona que lea todo este libro y escuche esta oración. Declaro que la misma revelación que he recibido por Tu Espíritu Santo, venga sobre cada una de estas vidas y que cada uno de ellos pueda tener un encuentro sobrenatural con Tu presencia y que puedas revelarle los secretos y los misterios del poder y la autoridad de Tu Espíritu Santo. Oro en el nombre de Jesús y a ti Padre sea toda Gloria y toda Honra y por Jesucristo nuestro Salvador, amén y amén.*

# BIBLIOGRAFÍA

*La Biblia*: Los textos son tomados de la versión Reina Valera de 1960, a menos que se indique lo contrario.

Maldonado, Guillermo, *La Liberación El pan de los Hijos*, Editorial ERJ. ISBN 1-59272-086-2

Monroe, Miles, *El Poder y el Propósito de la oración*, Whitaker House. ISBN 0-88368442-X

*www.biblegateway.com*

*www.blueletterbible.org*

62322978R00074

Made in the USA
Columbia, SC
01 July 2019